PETER BRUSSE

Ach, Engeland

Wij en onze overburen
Van Bonifatius tot Brexit

Uitgeverij Balans

Tweede druk, juni 2019
Eerste druk, februari 2019

Copyright © 2019 Peter Brusse/Uitgeverij Balans, Amsterdam

Alle rechten voorbehouden.

Omslagontwerp bij Barbara
Foto auteur Vincent Mentzel
Typografie en zetwerk Peter Verwey Grafische Produkties bv
Druk Bariet Ten Brink, Meppel

ISBN 978 94 638 2000 4
NUR 680

www.uitgeverijbalans.nl

facebook.com/uitgeverijbalans
twitter.com/balansboeken
instagram.com/uitgeverijbalans
uitgeverijbalans.nl/nieuwsbrief

Inhoud

Proloog 9

1. In den beginne – Vijfde eeuw 14
2. Dopen, moorden en bomen hakken – Achtste eeuw 21
3. Van Viking tot Veere – Negende tot zestiende eeuw 29
4. De Tachtigjarige Oorlog – 1568-1648 50
5. Rivalen, 1600-1650 56
6. Trouwen en rouwen – 1625-1650 74
7. Oorlog op zee – 1650-1660 85
8. De duivel schijt Hollanders – 1666 93
9. De ontdekking van het Rampjaar – 1672 101
10. De wonderbaarlijke invasie – 1688 114
11. King Billy en de molshoop – 1689-1702 124
12. Over u, bij u, maar zonder u – 1713-1795 136
13. Koning en amfibie – 1795-1839 153
14. Zij draagt het haar nog los – 1839-1900 170
15. Oorlog en spel – 1900-1940 186
16. De helden raken vermoeid – 1940-1964 196
17. Going Home – 1964-heden 210

Literatuur 222
Tijdlijn 228
Dankwoord 233
Personenregister 234
Illustratieverantwoording 240

Wie gaat er mee naar Engeland varen?
Engeland is gesloten.
De sleutel is gebroken.
Er is geen enkele smid in het land
Die de sleutel maken kan.

Proloog

Toen ik ruim een halve eeuw geleden als correspondent naar Londen vertrok, kreeg Engeland een nieuwe premier, Harold Wilson. Als diplomaten en politici hem bij een goed glas whisky vroegen wat nou eigenlijk het Brits buitenlands beleid was kregen ze als antwoord dat je het het beste kon vergelijken met een reis in een ouderwetse postkoets. Het is een lange, lastige tocht: je ziet niks en niemand weet waar je naartoe gaat. Maar uiteindelijk, zei Wilson, bereik je altijd je bestemming.

Heerlijke zelfspot, maar toch vreemd, dacht ik, niet eens te weten waar je heen wil. Het leek wel de Magical Mystery Tour van de Beatles. Ik voelde me in die eerste Londense jaren steeds meer als Alice in Wonderland en ontdekte dat J.M. Barrie, de schrijver van *Peter Pan*, het jongetje dat het raam uit vloog naar Neverland, in onze straat, Gloucester Road, had gewoond.

De Engelsen hadden de wereld rondgezworven. Ze hadden een imperium gebouwd dat een kwart van de aarde besloeg en trokken zich nu halverwege de twintigste eeuw terug op hun eiland. Het Europees continent zagen zij als de achtertuin waar het rustig moest blijven. Na veel geharrewar hadden zij toch in 1973, te laat en op het verkeerde moment, hun toevlucht tot dat Europa, de Europese Economische Gemeenschap, genomen. De postkoets bleef in de modder steken. Ze hebben er zich nooit helemaal thuis gevoeld en toen ze na ruim veertig jaar 'Brexit' gingen roepen leek het op een toverspreuk van Harry Potter die '*this blessed plot, this earth, this realm, this England*', zoals Shakespeare schreef, weer in oude glorie zou herstellen: '*Take back control*'.

Maar wat voor de een de sleutel tot vrijheid en geluk was, was voor de ander de vloek die het onheil afriep. Brexit leidde dan wel niet tot een nieuwe Civil War, een nieuwe Burgeroorlog, maar tot de 'Uncivil War', zoals de titel van een eerste Brexit-tv-drama luidt. Een Onbeleefde Oorlog, Engelser kan het niet.

Ik heb weleens gedacht dat het onbestemde van de reis per postkoets het grote geheim is van al die Britse tv-series, de kostuumdrama's, *Downton Abbey*, *EastEnders*, *Inspector Morse*, *Keeping up Appearances* oftewel *Schone Schijn* en niet te vergeten *The Crown*. Het gaat om het spel, om de reis, niet de bestemming: het leven als theater met het Lagerhuis als de Grote Schouwburg. Nog altijd zijn er toneelrecensenten die ook de Lagerhuisdebatten als klucht, blijspel of tragedie verslaan. Maar vergis je niet: hoe romantisch en vermakelijk het allemaal mag lijken, diezelfde *Uncivil War* over het Brexitreferendum toont tegelijkertijd hoe met de meest geavanceerde, moderne datatechnologie de kiezers werden bewerkt en gemanipuleerd. Zo bepaalt dat ouderwetse Engeland meedogenloos als pionier wat ook voor ons de toekomst worden zal voor verkiezingen en politiek bedrijven.

Toen ik voor het eerst over Brexit hoorde, dacht ik dat het een grap was van een paar excentriekelingen die in de Britse mythe bleven geloven. Het bleek geen satire maar ernst en ik werd kwaad, voelde me beledigd en gekrenkt. De Britten konden en mochten Europa niet verlaten. Onwillekeurig moest ik denken aan de eerste Engelsen die ik ooit zag. Ik was een jongetje van acht. Het was september 1944, de bevrijding van Nijmegen. Wij waren ons brandend huis ontvlucht en liepen, de handen angstig omhooggeheven, een poortje door bij de

Grote Markt. Daar stonden ze, de bevrijders, de Tommies, drie Britse soldaten met rare helmen op, doodmoe, maar vrolijk en opgewekt. Ze bewaakten een paar Duitse soldaten die zich hadden overgegeven. De Duitsers in hun grijze uniformen stonden op kousenvoeten, zonder helm, zonder laarzen en zonder koppel. De handen hoefden niet omhoog, maar mochten als teken van goede wil tegen het achterhoofd steunen. Als de gevangenen van uitputting de armen lieten zakken, riep een bewaker lachend '*Hands up*' en de Duitsers lachten voorzichtig terug. Ze hadden de oorlog verloren, maar het er levend vanaf gebracht. Vijandschap zag ik niet. De mannen, jongens nog, waren schutterig vriendelijk voor elkaar. Dat vond ik, denk ik, het allervreemdst. Alsof ze op onbekend terrein een uitwedstrijd hadden gespeeld en niet wisten hoe het verder moest. Toen het donker werd, herinner ik me, kregen de Duitsers een Engelse Player's sigaret; zo goed en zo kwaad als het ging, raakten ze met elkaar aan de praat.

De Engelsen blijf ik zien als onze bevrijders. Ik ben ze nog altijd dankbaar. Ze horen bij ons, zijn onze vrienden. Ja zeker, ze hebben andere regels, wetten en gewoontes, geloven in tradities en rituelen, blijven links rijden en hun rechters dragen pruiken. Vol trots vertellen ze dat Engeland sinds 1066 nooit door de vijand is bezet of veroverd; wat, zoals Nederlanders maar al te goed weten, niet waar is. Ik zal het er uitvoerig over hebben.

Vanwege die Brexit ben ik de geschiedenis ingedoken. Ik wilde aantonen dat Brexit nergens op slaat en wij, de Engelsen en Nederlanders, in de loop der eeuwen samen zoveel avonturen hebben beleefd dat we onlosmakelijk met elkaar verbonden zijn. We hebben oorlogen met elkaar gevoerd over het monopolie op de handel in slaven en specerijen, prinsjes en prinsesjes als pionnen in het schaakspel uitgehuwelijkt, elkaar streken geleverd, maar ook gesterkt in het streven naar vrijheid en democratie. Wij zijn en blijven twee zeevarende handelsnaties, stellen ons pragmatisch op en trokken in de Europese Unie veelal samen op.

Ach, Engeland is geen wetenschappelijk verantwoorde studie, maar een persoonlijk verhaal. Ik ga slordig om met de begrippen Engeland, Engelsen en Britten. Nederlanders, of liever Hollanders, hadden vooral met Engeland en de Engelsen te doen. Brexit is bovendien geen Britse maar een misleidend Engelse poging of protest om een '*merrie England*' terug te vinden, een soeverein sprookjesland dat nooit heeft bestaan. De Schotten en Ieren geloven er niet in, zij hebben hun eigen mythes. Gelukkig verwerpen ook heel wat Engelsen het *Little England*-gevoel.

Om de vele Willems en Williams, Mary's en Maria's uit elkaar te houden heb ik de Engelsen hun Engelse, de Hollanders hun Hollandse naam laten houden.

Engeland blijft een mysterie: enerzijds blijken Engelsen heel normale, nuchtere mensen te zijn, ondanks alles zeer bijdetijds, creatief en inspirerend. Maar ze blijven je altijd weer verrassen, verbazen en soms gruwelijk irriteren. De ergernis hoort erbij als een pijniging, een dagelijks ritueel om des te meer van het Engelse leven te kunnen genieten. Eenentwintig jaar heb ik tussen hen op het eiland gewoond en ik had er vrede mee dat je ze nooit helemaal zult begrijpen. Dat is ook hun charme. Ze zijn onverstoorbaar en het heeft geen enkele zin hen voor dwaasheden te willen behoeden, want zoals een groot Europakenner, de Italiaan Luigi Barzini, eens schreef: 'De Britten hebben er altijd voor gekozen liever het slachtoffer te worden van eigen fouten dan te luisteren naar het oordeel van anderen.' Het is hun kracht en zwakte tegelijk. Het heeft hen ver gebracht. *Good riddance*, hoepel dan maar op, dacht ik soms. Maar de geschiedenis bewijst ook dat de Engelsen het leven in *splendid isolation* nooit lang volhouden. Altijd weer zijn er tegenkrachten in eigen land of gebeurtenissen overzee die hen terug naar Europa brengen. Ach, Engeland. Tot ziens, tot gauw.

1. In den beginne

Vijfde eeuw

De innige, hechte, korzelige band met onze buren overzee ontstond in een ver en donker verleden, in de *dark ages*, de vroege middeleeuwen, toen er nog geen Engelsen woonden op het mistige eiland. Sterker nog, Engelsen bestonden niet eens: ze moesten nog worden uitgevonden.

De Romeinen waren vertrokken en hadden de boel onbeschermd achtergelaten – ideaal voor avonturiers en volksverhuizers. Zij grepen hun kans, maar wie in deze roerige tijden zo'n beetje als eerste vanuit de Lage Landen de oversteek waagde, blijft in nevelen gehuld. Als de feiten en bewijzen ontbreken, komen we in het rijk der fabelen, mythen en sagen terecht; de verhalen zijn prachtig, maar lijken verzonnen. Toch blijken ze vaak een beetje waar te zijn. Zo ook het verhaal van twee Friese broers, Hengist en Horsa, oftewel de gebroeders Hengst en Paard.

Hengist en Horsa zouden de legendarische aanvoerders zijn geweest van een invasievloot van Angelen en Saksen, Juten en Friezen, die rond het jaar 450 Brittannië kwamen veroveren. De broers worden in navolging van Romulus en Remus, de stichters van Rome, wel als grondleggers van de Angelsaksische beschaving beschouwd.

De Angelsaksen verdreven de Britten (die tot de stam der Kelten behoorden) naar Bretagne, Wales en Ierland.

Brittannië werd Engeland: het land waar, ter nagedachtenis van Hengist en Horsa, de koningin nog altijd meer van haar paarden dan van haar onderdanen houdt.

Scheve schaats

Volgens J. R. R. Tolkien, de schrijver van onder meer *De Hobbit* en *In de ban van de ring*, waren Hengist en Horsa afkomstig uit Jutland, maar woonden ze al geruime tijd in Friesland. Hij noemde hen Juten. De Gebroeders Grimm daarentegen lieten Hengist en Horsa uit Saksen in Noord-Duitsland komen. Dat is aardig bedacht, want bij de massale volksverhuizingen na de val van het Romeinse Rijk waren duizenden Saksen en Angelen vanuit Duitsland op de Friese terpen terechtgekomen. Hongersnood en overbevolking hadden hen gedwongen hun eigen land te verlaten, en Friesland was destijds groot en welvarend. De Friezen heersten tot ver langs de Duitse noordkust richting Denemarken, en in westelijke richting zaten ze tot aan de Nederlandse grote rivieren en de Zeeuwse eilanden. Sommigen van die Saksen hadden zich met de Friezen vermengd, 'een scheve schaats gereden', zoals de Friezen zeiden, waarna er sprake was van Saksische Friezen. Recent DNA-onderzoek toont aan dat Friezen zich in die vroege jaren ook in Engeland beslist niet onbetuigd lieten. Bovendien zijn daar heel wat scherven van Friese potten en pannen opgegraven.

De Friezen hebben zo hun eigen ideeën over de herkomst van Hengist en Horsa. Hun verhalen bejubelen de broers als volbloed Friezen, maar de eerlijkheid gebiedt te erkennen dat de Friezen knappe geschiedvervalsers hebben voortgebracht.

Volgens Friese folklore waren Hengist en Horsa de zonen van Udolf Haron, de zevende hertog van Friesland. Al jong leerden zij, door de goden voorbestemd tot het maken van een barre tocht over zee, fierljeppen en skûtsjesilen. Daarnaast hadden zij zich als telgen van een hoogstaand Fries geslacht in Rome aan het hof van keizer Valentinianus mogen bekwamen in krijgskunde, heraldiek en de schone kunsten. Ze zouden er veel baat bij hebben.

Ook Friesland raakte overbevolkt, het klimaat veranderde en de terpen kwamen onder water te staan. Er moest iets gebeuren en de hertog belegde, volgens oud Fries gebruik, een vergadering waar bij loting zou worden bepaald wie van 'de beste en stoutste jongelingen als volksplanters' naar elders moesten vertrekken. Hengist en Horsa meldden zich terstond. Noblesse oblige, zo hadden ze in Rome geleerd. Zoals gehoopt viel het lot op de twee broers. Ze hinnikten van vreugde en zeilden, beschermd door hun goden, over de Noordzee, die toen nog als teken van Friese macht en heerschappij 'Friese Zee' werd genoemd, naar het beloofde land.

Na een zware reis kwamen de witte krijtrotsen in zicht, en zodra de broers voor anker waren gegaan en hun spullen veilig op het strand hadden gezet, begaven ze zich, zoals edelen betaamt, naar het paleis van Vortigern, de koning der Britten. Ze overhandigden hem geschenken, als boter, kaas en Beerenburger. Nederig boden de broers hun diensten aan. De koning, die na het vertrek van de Romeinse legioenen grote behoefte aan soldaten had om zijn rijk te verdedigen, wist niet wat hem overkwam. 'U komt als geroepen,' zei hij, en vroeg hun de opdringerige Schotten terug naar Schotland te jagen, veilig achter de muur van Hadrianus.

De broers klaarden dit karwei met verve, waarna de koning Hengist vroeg om thuis in Friesland versterking te gaan halen. Horsa was inmiddels van het toneel verdwenen; hij sneuvelde hoogstwaarschijnlijk op een van de vele slagvelden waar hij de koning moest beschermen. Vol verdriet vertrok Hengist zonder zijn Horsa naar het Friese land. Op een

Hengist en Horsa komen aan wal in het land dat later Engeland zal heten.

nacht, varend over zee, zag hij, volgens de overlevering, in zijn dromen het paard van Troje, waar hij – zijn naam zei het al – op mythische wijze aan verwant was. De droom bracht hem op ideeën, hij verzon een list, wierf zijn huurlingen en keerde tot grote blijdschap van de koning terug met zestien volle schepen: een Fries leger binnen de koninklijke veste. Maar dat was niet alles.

Gouden beker

Als verrassing had Hengist zijn beeldschone dochter meegebracht. Haar naam was niet, zoals vaak werd gedacht, Merrie, nee, de dochter van Hengist heette Rowena. Zij werd het glanzende wapen in de strijd die Hengist voor ogen had. Geen man was tegen haar bestand, haar macht en uitstraling waren zo intens dat zij meer dan vijftienhonderd jaar later nog het lichtend voorbeeld was van die andere Friese femme fatale, Mata Hari.

Hengist nodigde de koning uit voor een maaltijd en

Rowena schonk hem wijn in een gouden beker tot hij dronken was. De koning raakte in vuur en vlam, wilde haar ogenblikkelijk trouwen en bood Hengist als bruidsschat 'alles wat gij maar hebben wilt'. Hengist vroeg om het kleine koninkrijk Kent. Zijn wens werd ogenblikkelijk ingewilligd. Hengist, de Fries, werd koning van Kent. Zonder slag of stoot, als het paard van Troje. En in de *Historia Brittonum*, 'geschiedenis der Britten', daterend uit het jaar 828, schreef een monnik dat de maagd aan koning Vortigern werd gegeven: 'Hij sliep met haar en had haar mateloos lief.' Haar naam noemde de monnik niet.

Door haar huwelijk met Vortigern werd Rowena, het Friese meisje, koningin der Britten. In plaats van vrede en geluk bracht zij echter oorlog en geweld. De duivel kreeg vrij spel, hij veranderde haar in een boze fee. Vortigern was een christen en hij had geen heidens wicht mogen trouwen – daar kwam louter ellende van, hij moest boeten voor zijn zonden. Prinsen, ridders en baronnen, vrienden en familie, zij keerden zich allemaal tegen het koninklijk paar. Uit wanhoop en woede vermoordde Rowena zelfs Vortigerns lievelingszoon uit een eerder huwelijk.

Hengist, de koning van Kent, bracht zijn dochter en schoonzoon intussen steeds verder in het nauw. Vortigern en Rowena vluchtten naar een afgelegen kasteel. Op het derde uur van de derde nacht viel er plotseling vuur uit de hemel, en het kasteel werd geheel verwoest. Samen met alle bewoners van het kasteel, mannen, vrouwen en kinderen, vond het echtpaar de dood. Zo kwam er een eind aan het leven van de ongelukkige koning Vortigern en zijn vrouw, koningin Rowena. Maar Hengist lachte in zijn vuistje, hij kreeg er een koninkrijk bij: hij werd als wettig erfgenaam koning der Britten.

Zo kwam onze Friese Hengist in de geschiedenisboeken

terecht. De eerste geschiedschrijver die hem bij naam noemde was de Angelsaksische monnik en groot geleerde, Beda of Bede, in zijn *Kerkgeschiedenis van het Engelse volk* uit 731. Dat was bijna drie eeuwen na de glorieuze invasie. Bede kende Hengist en Horsa alleen uit de verhalen die generatie op generatie waren doorverteld. Toch wordt alom aangenomen dat de twee broers werkelijk hebben bestaan, evenals Vortigern, die zich inderdaad koning der Britten noemde. Maar niemand wist precies wat dat inhield, koning der Britten; er waren meer dan één koning op het eiland.

Van Rowena, die al eerder anoniem in de boeken werd opgevoerd, werd pas veel later haar naam onthuld; Geoffrey Monmouth noemde haar in zijn *Geschiedenis van de Britse koningen* van omstreeks 1135. Monmouth, ook een geleerde monnik, beschreef Rowena als dochter van Hengist. Maar later zag hij Rowena aan voor de zus van Hengist. Is hier sprake van een slordige vergissing of is, wat de geleerden vrezen, de mooie Rowena slechts een verzinsel, ontsproten aan het brein van ijverige monniken die ook weleens wilden dromen en fantaseren in hun kale monnikencel? Dat is een ontroerende gedachte.

In elk geval werd Rowena in de loop der eeuwen een mythische figuur die met haar overrompelende schoonheid koningen en heersers in haar val lokte.

Gewetenloos serpent

De Friese volksschrijver Theun de Vries was minder romantisch. In zijn sage *Het zwaard, de zee en het valse hart*, het Boekenweekgeschenk van 1966, beschreef hij Rowena, die hij Reonix noemde, vooral als gewetenloos serpent.

De Vries wilde niet dat zij zomaar door het noodlot werd getroffen, hij maakte haar smartelijke dood nog schrijnender: in zijn versie werd ze doodgestoken door, nota bene, een jonge Friese hoveling aan het hof van haar vader. De jongeman was wanhopig verliefd op haar en had haar betrapt in een vrijage met een prins uit het vijandelijke kamp. Met een dolk doorboorde hij haar valse hart. (Mata Hari had wél een goed hart, maar ook zij werd om haar liefde voor de vijand met de dood gestraft.)

Hengist werd verteerd door verdriet, maar vergaf zijn jonge vriend die hij liefhad als zijn zoon. Gedeelde smart is halve smart. Hengist en zijn leger van Friezen en Angelsaksen vochten door, de Britten van koning Vortigern werden verslagen. Helaas mocht Hengist van de meeste historici de vreugde van de overwinning niet smaken. Zij lieten hem sterven in een laatste wanhoopsdaad der Britten. Hengist zou zijn verrast door een charge van de lichte brigade. Hij verloor zijn helm, daarna zijn hoofd, schreef Geoffrey Monmouth ruim zeshonderd jaar na dato in zijn uitvoerige verslag van deze laatste Britse stuiptrekking. Met een zwaard werd het hoofd van de romp geslagen.

Theun de Vries verkoos een menselijker, huiselijker eind van het verhaal. Hij liet de Friese veroveraars trouwen met plaatselijke schonen – niet alle Britten waren gevlucht – en zij leefden nog lang en gelukkig in het *green and pleasant land*. Hengist hoefde van Theun de Vries ook niet te sneuvelen. Hij mocht de overwinning vieren en keerde 'oud, vermoeid en tandeloos' terug naar het Friese land, om er in alle stilte dankoffers te brengen aan zijn heidense goden, Wodan, Donar en Frya. 'Hij had zijn doel bereikt. Het koninkrijk van de Friezen stond in Brittannië.'

2. Dopen, moorden en bomen hakken

Achtste eeuw

Om te tonen dat de Angelsaksische nieuwkomers goede Europeanen waren en zij hun eiland voor de kust niet in de zee lieten zakken, hielden ze goed contact met hun familie op het vasteland. Ze stimuleerden vrij verkeer van goederen, personen, diensten en kapitaal. Vooral de Friezen golden als bekwame vrachtvaarders en kooplieden. Zij importeerden en exporteerden granen, wol, sieraden, goud en zilver, slaven, huiden, wijn en vee.

Er was veel ruilhandel, maar de Friezen schijnen een gemeenschappelijke munt, een soort vroege euro, in ere te hebben hersteld. Na de val van het Romeinse Rijk was geld in onbruik geraakt, maar de Friezen haalden de oude sok weer tevoorschijn en vulden hem aan met zilveren munten die zowel in Friesland als Engeland werden geslagen en nauwelijks van elkaar waren te onderscheiden. Deze Friese munten zijn ook in Rome teruggevonden. Europa was in trek, en in hun Europese ijver gingen de heidense Angelsaksen zelfs zover dat ze massaal katholiek werden, rooms-katholiek. Ze werden roomser dan de paus – daar hoort natuurlijk een verhaal bij.

Blonde jongens

Op een mooie ochtend in het jaar 596 wandelde paus Gregorius over de slavenmarkt in Rome en zag er twee blonde jongens in de aanbieding, kinderen nog. Hij vroeg waar ze vandaan kwamen en hoorde dat ze Angelen waren. Nee, zei de paus, dit zijn geen Angelen, het zijn *engelen*, en hij gaf opdracht Angelenland, het latere Engeland, te bekeren tot het ware geloof. Het centrum van het Angelenrijk was het huidige East Anglia; de Saksen zaten vooral in Essex, Wessex, Sussex en Northumbria in het noorden.

De oorspronkelijke bewoners van het eiland, de Britten, waren al tijdens de nadagen van het Romeinse Rijk gekerstend, maar de Angelsaksen wilden daar niets van weten en waren hun afgoden trouw gebleven.

Paus Gregorius stuurde een boot vol benedictijnen naar Canterbury. Deze monniken kwamen uit Zuid-Europa en zelfs Noord-Afrika – ze hadden, ook om hun getint en bruin uiterlijk, veel bekijks. Als diplomaten onderhandelden ze met plaatselijke koningen, graven en baronnen, en ze doopten erop los. Hier en daar was hardnekkig verzet en er vloeide veel bloed over de heuvels en weiden, maar daarna schoten de kerken en kloosters als paddenstoelen uit de grond. Er werd gebeden, gezongen en heel hard gewerkt. Monniken leerden Latijn, kopieerden niet alleen geduldig hele bijbels en traktaten, maar schreven ook duizenden kalfsvellen vol met eigen gedichten, overpeinzingen en verhalen over het ontstaan van de wereld en Engeland. Zij verluchtten die dikke boeken met magische miniaturen vol kleuren en mythische voorstellingen. De vroeg-Engelse kloosters en abdijen werden schatkamers van kennis, kunst en wetenschap.

Saai en eentonig was dat overschrijven van evangeliën soms wel. Avontuurlijke monniken wilden weleens iets anders en trokken de wijde wereld in om Gods woord te verkondigen. Zij namen de boot naar het vasteland en kozen bij voorkeur voor de plekken waar ze oorspronkelijk vandaan kwamen: Noord-Duitsland, Denemarken en Friesland. Daar spraken ze de taal, en daar zaten de heidenen.

Katwijk

Een van die levenslustige missionarissen was Willibrordus, die in het jaar 658 in het Angelsaksische koninkrijk Northumbria, aan de Engelse noordkust, was geboren als zoon van bekeerde ouders. Als jongetje van zeven werd Willibrord al naar het klooster gestuurd, omdat zijn vader had besloten kluizenaar te worden. De jonge Willibrord blonk uit in ijver en vroomheid. Hij was razendslim en handig, studeerde een tijdje in Ierland, waar ze een eigen vorm van christendom beleden, en besloot toen om de Friezen te kerstenen.

Hij landde in 690 in Katwijk, samen met twaalf leerlingen, net zoveel als Jezus; een van hen reisde door naar Elst, in de Betuwe. Willibrord trok naar het noorden, tot aan de Lauwerszee, waar de Friezen desondanks argwanend bleven. Hij gooide het over een andere boeg en zocht in Rome steun en raad bij de paus, die hem benoemde tot aartsbisschop der Friezen. Na een barre tocht door de Alpen keerde hij terug en vestigde zijn bisschopszetel veilig en wel in Utrecht, op de ruïnes van een Romeins fort. De christelijke Franken beschermden hem; zij hadden de Friezen de stad uit gedreven.

De Friezen stonden er niet goed voor: Dorestad, de stad die ze bij het huidige Wijk bij Duurstede hadden opgericht, waren ze ook al kwijtgeraakt, net als Zeeland. 'Eigen schuld, dan moeten jullie je maar bekeren,' zou Willibrordus hebben gezegd. Maar de Friezen dachten er anders over en wilden nog steeds niets met hem te maken hebben. Toen ging hij maar kerken en abdijen bouwen in Trier en Echternach. Of hij daar de beroemde hinkstapsprongprocessie – twee stappen naar voor, één naar achter – heeft uitgevonden, wordt betwijfeld, maar tekenend waren die stappen wel voor zijn wisselende successen op zijn missiereizen naar het noorden, Friesland en zelfs Jutland.

Voortekenen

Het bleef onrustig in het krimpende en opstandige Friesland. Gods woord ging er maar niet in en toen Willibrord tegen de zestig liep, kreeg hij hulp van Bonifatius, die ook uit Engeland kwam.

Bonifatius was als Wynfrith geboren in een adellijke Angelsaksische familie bij Exeter aan de zuidkust, waar de Friezen een handelspost hadden gevestigd. In de kathedraal van Exeter wordt een gedichtenbundel uit omstreeks 900 bewaard, waarin een loflied op de Friese huwelijkstrouw is opgenomen. Liefdevol wacht de Friese vrouw op haar terp en als haar man van zijn lange zeereis terugkeert geeft ze hem alles wat hij begeert, zo is te lezen in dit mooie oud-Engelse gedicht.

Net als Willibrord was Bonifatius al jong het klooster ingegaan, maar hij was al over de veertig toen hij in 716 in Friesland zijn missiewerk begon. De voortekenen leken gunstig, maar er werd te vroeg gejuicht. De Franken die Bonifatius op zijn tochten zouden beschermen kregen onderling ruzie, ze hadden geen tijd meer voor hem en de Friese koning Radboud greep zijn kans. Hij versloeg de Franken bij Keulen en Utrecht, en herstelde de heidense heiligdommen.

Voor Bonifatius zat er, net als indertijd voor Willibrord, weinig anders op dan zijn pogingen te staken, hij was zijn leven niet meer zeker. Nog even kreeg hij hoop, toen het gerucht ging dat koning Radboud, die zijn einde voelde naderen, zich toch nog zou laten dopen. Als dat zou gebeuren, dacht Bonifatius, zouden alle Friezen hun koning volgen. De spanning was groot. De koning, zo wil de overlevering, trok met zijn gevolg naar de kerk, alwaar een speciaal uit Frankrijk overgekomen bisschop hem naar de doopkapel leidde. De koning zou al een voet in de kapel gezet hebben – sommigen zeiden dat hij zelfs zijn hoofd al gebogen boven de doopvont hield – toen hij tegen de bisschop zei: 'U vertelde dat alle ongedoopten naar de hel zullen gaan.'

'Inderdaad, majesteit,' beaamde de bisschop enthousiast.

'Dus zal ik mijn ouders en voorouders nooit meer zien?'

De bisschop schrok, mompelde wat en toen zei de koning: 'Dan maar liever met mijn familie branden in de hel.' Hij hief het hoofd en verdween. Koning Radboud stierf, al dan niet als straf van God, nog in hetzelfde jaar 719.

Oude eiken

Toen Bonifatius dat verhaal hoorde, is ook hij maar vertrokken; hij ging naar Duitsland, waar ze hem ook goed konden verstaan. Hij bleef tot zijn tachtigste te midden van de Saksen aldaar, hij verrichtte groot werk en werd de apostel van Duitsland. Zijn hobby was het omhakken van heilige bomen, de oude eiken waar heidenen hun goden vereerden. Als de goden geen wraak namen, zagen de mensen dit als bewijs dat het beter en veiliger was om zich dan maar te laten dopen. Zo heeft Bonifatius al bomen hakkend duizenden mannen, vrouwen en kinderen tot christen bekeerd.

Toch wilde Bonifatius nog een keer terug naar zijn geliefde Friesland, waar hij zijn eerste wankele schreden op het missiepad had gezet. In een processie van meer dan vijftig priesters, lekenbroeders en gewapende beveiligers trok hij, tweeëntachtig jaar oud, naar de waddenkust. Met zijn preken bracht de oude man nog veel volk op de been, hier en daar doopte hij wat overlopers, en om te tonen dat hij nog zo stoer en sterk was als Grutte Pier sloeg hij de heidense zwerf-

Bonifatius met het zwaard dat zijn bijbel doorkliefde.

keien in stukken die hij op zijn weg tegenkwam.

Misschien had hij dat niet moeten doen. Want in de vroege ochtend van 5 juni 754 werd hij bij Dokkum overvallen, althans, op de plek waar Dokkum zou komen – Bonifatius zag alleen weilanden met koeien, meren en moeras. Waren de daders devote heidenen die hun afgoden moesten wreken, of waren het – wat de geleerden waarschijnlijker achten – ordinaire struikrovers, die tevoorschijn sprongen vanachter hooimijten en rietkragen? Het geboefte stortte zich op de oude man, bewerkte hem met stokken, zwaarden en dolken, en doorkliefde zijn bijbel, het Heilige Boek, dat Bonifatius als schild tegen zijn borst had geklemd. Het mocht niet baten: Bonifatius stierf als martelaar. De rovers gingen er met de buit vandoor; ze vonden geen geld, maar wel kostbare boeken, die ze woest wegwierpen. De boeken werden in het slijk teruggevonden, samen met de bijbel waar nog een dolk in stak en die tegenwoordig in de Dom van Fulda, in het Duitse Hessen bewaard wordt. Als schrale troost ontdekten de moordenaars enkele kruiken miswijn die zij ter plekke opdronken.

A Clockwork Orange

Bonifatius werd al snel heilig verklaard. Er werd direct na zijn dood veel over hem geschreven: hij was een heilig man, een groot geleerde, knap schrijver en begenadigd kerkvorst. De Friezen ontdekten op de plaats des onheils een heilige bron, waar wonderen gebeurden, en bouwden toen maar meteen de stad Dokkum. En schuldig vroegen zij zich af: hoe heeft dit alles kunnen gebeuren?

De Engelse schrijver Anthony Burgess, bekend van de roman *A Clockwork Orange*, zijn bestseller over jonge vandalen die nergens in geloofden, heeft er in zijn studies op gewezen dat Friezen en Angelsaksen in den beginne veel woorden gemeen hadden. Als voorbeeld noemt hij, toepasselijk in deze context, het woord *saelig* of *salich*, dat in het Nederlands *zalig* werd. *Zalig* behield zijn oorspronkelijke betekenis: hemels, heilig, heerlijk. Men denke aan Vondels 'Constantijntje, 't zaligh kijntje, cherubijntje van om hoogh', of aan de Friese priester, mysticus en verzetsstrijder Titus Brandsma, die in 1985 door de paus zalig werd verklaard. 'Zalig zijn de armen van geest,' zei Jezus tegen zijn apostelen. En hoewel iets profaner, toch klinkt het hemels als iemand zegt: 'We hebben zalig gegeten.'

De Engelsen kregen in de loop der eeuwen een andere kijk op het hier en het hiernamaals. Zij verbasterden het woord *saelig* tot *silly*, dwaas en dom. Zo werd, onzalige gedachte, de moord op Bonifatius een 'silly mistake'.

3. Van Viking tot Veere

Negende tot zestiende eeuw eeuw

De moordenaars van Bonifatius moesten het zwaar bezuren, want zo behandel je een bezoeker uit Engeland niet, zeker niet als hij het Woord Gods komt brengen. De christenen namen wraak, zetten een achtervolging in en brachten de daders 'een verwoestende nederlaag' toe: ze verbrandden hun huizen en namen 'vrouwen, kinderen, knechten en dienstmaagden mee als buit'.

De heidenen werden in het nauw gebracht, de Franken rukten op en hun koning Karel de Grote, die in 800 in Aken tot keizer werd gekroond, kende geen genade. Wie zich niet bekeerde wachtte de dood: doop of dood. Geen moeilijke keuze.

De meeste Friezen kozen eieren voor hun geld, maar of ze daarmee hun goden afzworen wordt nog altijd betwijfeld. Ze pasten zich aan, de een meer dan de ander. Heimelijk bleven ze offers aan de goden brengen, lieten ze zich liever cremeren in het bos dan begraven rond de kerk. Maar er waren ook Friezen die vol overtuiging het klooster ingingen. Friese monniken wilden graag naar Engeland om er te studeren en tot missionaris te worden opgeleid, zoals de heilige Ludger, de opvolger van Bonifatius, en zoon van een rijk Fries edel-

Karel de Grote.

man, die in York aan de school van de kathedraal zijn roeping vond. Terug in Friesland verrichtte Ludger wonderen. Hij legde de blinde zanger en dichter Bernlef de hand op en licht verscheen in zijn ogen. Bernlef kon weer zien en liet zich dopen.

Paardenpoep

Friezen en Hollanders, boeren en kooplieden, zochten in Engeland met zijn groene glooiende weiden vrede en rust. Maar aan het eind van de achtste eeuw verschenen de heidense Vikingen of Noormannen, die met hun rooftochten die pastorale vrede en voorspoed ruw verstoorden. In 793 plunderden ze de beroemde abdij van Lindisfarne op Holy Island, voor de kust van Noord-Engeland. Heel Europa schrok van deze gruweldaad. De Engelse monnik Alcuinus, raadgever aan het hof van keizer Karel de Grote, schreef dat het bloed van de vermoorde monniken vloeide over het altaar en dat de plunderaars de lichamen van de martelaren vertrapten als 'paardenpoep op straat'. Ook afvallige Friezen plunderden er lustig op los, zo blijkt uit de annalen van de abdij.

Gelukkig staat daartegenover dat toen de Engelse koning Alfred een eeuw later, in 896, de Royal Navy oprichtte, hij Friese zeevaarders en matrozen om raad vroeg. Zij ontwierpen schepen die het konden opnemen tegen de razendsnelle Vikingschepen met hun afschrikwekkende draken en slangen als boegbeeld. Maar voor de meeste kustbewoners werd de Noordzee te gevaarlijk, zij wendden zich af van de zee en zochten bescherming op het vasteland. Engeland verdween aan de horizon.

De Lage Landen konden de Noormannen uiteindelijk verjagen, maar de Engelsen en ook de Fransen lukte dat niet. Met toestemming van de Franse koning hadden de tot het christendom bekeerde Noormannen zich in Normandië mogen vestigen, mits zij zich rustig zouden houden. In Engeland hadden de koningen het ook op een akkoord met de Vikingen gegooid. Maar het bloed kruipt waar het niet gaan kan en in 1066 stak de hertog van Normandië, Willem de Veroveraar, met zijn invasievloot Het Kanaal over. Bij de Slag van Hastings versloeg Willem, die toen nog bekendstond als Willem de Bastaard, Harold II, de laatste van de Angelsaksische koningen.

Willem veroverde Engeland en 1066 werd het meest bejubelde jaartal uit de Britse geschiedenis. Zijn vrouw was Mathilde van Vlaanderen, zij was verwant aan Engelse en Franse koningshuizen en had een eerste huwelijksaanzoek van Willem de Bastaard afgewezen. Willem zou haar toen in Brugge zijn gaan halen, zag haar rijden op weg naar de kerk, greep haar lange vlechten, sleurde haar van haar paard en wierp haar op de grond. Dat was nog eens een echte man, een ridder, moet zij gedacht hebben. Op slag was ze smoorverliefd en volgens de overlevering hadden Willem en Mathilde een gelukkig huwelijk. Mathilde hield er haar eigen Vlaamse hofhouding op na, en bij de invasie van 1066 bracht zij ook heel wat Vlaamse huurlingen mee, op een Vlaams schip dat zij haar man cadeau had gedaan.

Olla vogala

De Slag bij Hastings is vereeuwigd op het tapijt van Bayeux dat, naar men lang dacht, door Mathilde zou zijn geborduurd. Dat bleek niet waar te zijn, maar de Vlaamse bijdrage aan de verovering van Engeland mag niet verdonkeremaand worden.

Als dank voor hun inspanningen verhief Willem zijn Vlaamse, Normandische en Franse vrienden tot bisschop en edelman, hij gaf hun kerken, kloosters, kastelen en landerijen. Niet in eigendom, maar in leen. Het land bleef van hem; de Angelsaksen kregen het moeilijk. Willem introduceerde het feodaal stelsel, een klassen- en standenmaatschappij die nog altijd bestaat.

Engeland kantelde als het ware in zuidelijke richting en meer nog dan ten tijde van de Romeinen kwam het zwaartepunt te liggen op Het Kanaal, de smalle strook tussen Frankrijk en Engeland. Aan het Engelse hof werd voortaan Frans gesproken, er ontstond een Franse hofcultuur. Maar de Vlamingen bleven koppig Vlaams klappen. En rond 1100, zo'n dertig jaar na de komst van Willem, schreef een eenzame Vlaamse monnik in de abdij van Rochester het oudste, vroegst bekende Nederlandse gedicht: 'Hebban olla vogala nestas hagunnan hinase hic enda thu' (Hebben alle vogels nesten begonnen, behalve ik en jij).

Het gedicht werd pas in 1932 in de bibliotheek van de universiteit van Oxford gevonden, op de perkamenten kaft van een Oudengels gebedenboek. Hoe het daar kwam blijft een raadsel, maar wel is bekend dat de benedictijner abdij Rochester in Kent geliefd was bij Vlamingen. De banden tussen de Zuidelijke Nederlanden en Zuid-Engeland waren hecht, maar de website van de universiteit van Oxford meldt vol trots dat de monnik Emo van Friesland, of Emo van Huizinge (toen nog behorend tot Friesland) de eerste buitenlander was die in 1190 in Oxford kwam studeren. Dus toch weer een Fries! Een ijverige Fries, die weinig sliep, 's nachts wetten en heilige boeken kopieerde. Emo studeerde kerkelijk recht en verzette zich fel tegen de gewoonte om kerkelijke ambten voor veel geld aan de meestbiedende te verkopen. Terug in de Lage Landen werd hij pastoor in Huizinge, hij richtte het klooster Bloemhof in Wittewierum bij Appingedam op; en

Monnik Emo van Friesland: de eerste buitenlander die in 1190 in Oxford ging studeren.

wandelde na een ruzie met de bisschop van Münster naar Rome om bij de paus zijn beklag te doen.

Weer een eeuw later, onaardig

In 1296 werd graaf Floris v bij het Muiderslot door de edelen vermoord. Zo staat het in de geschiedenisboeken, maar meestal wordt nauwelijks of niet vermeld dat Edward i, de koning van Engeland, medeplichtig was aan deze droeve, gewelddadige dood. Koning Edward had graaf Floris naar Engeland willen ontvoeren, en de edelen, onder wie Gijsbrecht van Amstel, zouden het karweitje voor hem opknappen, maar zij raakten in paniek en staken Floris dood.

Floris, graaf van Holland en Zeeland, was een ambitieus man, die om politieke, financiële en dynastieke redenen zijn kaarten op Engeland had gezet. Dat kwam Edward goed uit, want hij had in de 'eeuwige strijd en rivaliteit' met Frankrijk een steunpunt op het vasteland nodig. Graaf Floris kon hem dat geven. Ze werden vrienden en om die vriendschap te bezegelen ging Floris in 1281 naar Londen, alwaar in het Palace of Westminster de verloving bekend werd gemaakt van de zevenjarige Engelse kroonprins Alphonso met de kleine Margaretha, het dochtertje van graaf Floris. Floris was zo opgetogen over de verbintenis dat hij beloofde Margaretha bij haar huwelijk de helft van het graafschap Holland als bruidsschat mee te geven. Helaas stierf Alphonso drie jaar later, op tienjarige leeftijd; het huwelijk ging niet door en Holland mocht Hollands blijven.

Maar geen nood: in het jaar dat Edward zijn zoon verloor, kreeg Floris er een. 'En zijn naam is Jantje', zoals in het volksliedje 'In Den Haag daar woont een graaf' gezongen wordt. Jantje werd al in de wieg gekoppeld aan Edwards dochter Elizabeth. Vanaf zijn zevende, zo werd afgesproken, zou Jantje aan het hof in Londen worden opgevoed. Opluchting

'In Den Haag daar woont een graaf en zijn naam is Jantje.' Jantje werd aan het Engelse hof opgevoed.

alom, zelfs de ruzies tussen Hollandse en Engelse vissers, die maar al te vaak in haringoorlogen ontaardden, werden bij Koninklijk Besluit beëindigd. Edward gaf Hollandse en Zeeuwse vissers het recht om in Engelse wateren te vissen en de haring in Great Yarmouth aan wal te brengen. Iedereen was goedgemutst en Dordrecht, de belangrijkste handelsstad van Holland, verwierf de lucratieve stapelrechten voor Engelse wol. Alle wol bestemd voor de Lage Landen – en wol was Engelands voornaamste exportproduct – mocht voortaan uitsluitend in Dordrecht verhandeld worden. Uit dank voor dit privilege bood graaf Floris koning Edward nog eens duizend soldaten aan, die konden worden ingezet in diens oorlog met Frankrijk. En tussendoor meende Floris ook nog dat hij koning van Schotland kon worden: hij deed zijn uiterste best, ging erheen, had goede papieren, maar vriend Edward liet hem in de steek.

Verbolgen

Koning Edward bleek niet te vertrouwen: hij wilde ten koste van Floris óók vrienden worden met Vlaanderen, en verplaatste de wolmarkt naar Mechelen. Dit was rampzalig voor Dordrecht. Tot overmaat van ramp kreeg Floris ook geen steun van Edward in het conflict met Vlaanderen over het bezit van het strategisch gelegen Zeeuws-Vlaanderen, het gebied ten westen van de Schelde, de waterweg naar Antwerpen. Floris was zo verbolgen dat hij een vriendschapsverdrag sloot met Edwards natuurlijke vijand en rivaal, de koning van Frankrijk.

Koning Edward liet het er niet bij zitten en zocht steun bij de Hollandse edelen, als Gijsbrecht van Amstel. Zij verweten Floris te veel rechten te geven aan de opkomende steden, aan de boeren en burgers, aan het gemene volk bij wie hij geliefd was. Zij noemden hem liefkozend 'der keerlen God', de God van de keerlen: van de kerels, ferme jongens, stoere knapen. Samen met Edward smeedden de edelen het plan om Floris naar Engeland te ontvoeren en Jantje te benoemen tot nieuwe graaf. Zij zouden het jongetje wel onder hun hoede nemen en vertellen wat hij doen moest.

Het groepje edelen nodigde de nietsvermoedende Floris uit voor een valkenjacht bij Utrecht. Vrolijk ging het gezelschap op weg. Plotseling trokken de samenzweerders hem ruw van zijn paard en sloegen hem in de boeien. Floris dacht dat het een grap was, maar ze hielpen hem uit de droom. Hij werd gevangengezet in het Muiderslot, zijn eigen kasteel, dat hijzelf had laten bouwen en dat Gijsbrecht van Amstel van hem mocht bewonen.

Boeren op het land roken onraad en toen Gijsbrecht en zijn Judas-vrienden Floris naar Zeeland wilden brengen, waar de boot naar Engeland klaarlag, grepen zij in. Zij wilden der keerlen God bevrijden, maar geschrokken staken de edelen graaf Floris dood.

Koning Edward I deed alsof zijn neus bloedde. De kleine Jan, de nieuwe graaf, trouwde een paar maanden later met zijn prinses en mocht terug naar Den Haag toen hij dertien werd, zij het onder voogdij van Engels gezinde edelen. Een jaar later mocht hij zijn vrouw in Engeland komen halen. Lang duurde het huwelijksgeluk niet: Jan overleed op zijn vijftiende aan dysenterie, er waren nog geen kinderen.

Met de dood van graaf Jan I kwam een einde aan het Huis van Holland. Zijn achterneef, graaf Jan II van Henegouwen, verwierf de titel, hij werd graaf van Holland en Henegouwen. Deze Jan II kreeg een zoon, graaf Willem III van Holland, bij wie koningin Isabella, de vrouw van koning Edward II, kwam vragen om hulp.

Koningin Isabella leefde in onmin met haar man, de koning die, zo beweerde men, niet om vrouwen gaf. Met haar minnaar Roger Mortimer was zij naar Vlaanderen gevlucht. Zij wilde Edward van de troon stoten. In de onderhandelingen met Willem schonk zij haar zoon, de latere koning Edward III, aan diens twaalfjarige dochter Philippa. Dat was een aanbod dat graaf Willem niet weigeren kon: zijn dochter zou koningin van Engeland worden. Willem hapte toe en als dank en bruidsschat gaf hij Isabella honderdveertig haringschepen vol soldaten die vanuit Dordrecht naar Engeland vertrokken om haar man, de koning, te verslaan. Isabella joeg haar man Edward op de vlucht en kreeg hem te pakken. Hij werd beschuldigd van sodomie en op gruwelijke wijze doodgemarteld. Haar zoon werd inderdaad koning en trouwde op vijftienjarige leeftijd met de Vlaamse Philippa.

Edward was Vlaanderen, het land waar zijn Philippa vandaan kwam, goedgezind. Hij bevorderde de handel, hield van mooie kleren en moedigde Vlaamse en Hollandse wevers aan om naar Engeland te emigreren. Hij beloofde dat zij 'de buik vol aan vlees konden eten'. De rijke burgers zouden hun mooie dochters aan hen uithuwelijken, verzekerde de koning. Aangespoord door deze visioenen van luilekkerland vestigden honderden Zuid- en Noord-Nederlanders zich in steden als Exeter, Norwich en Bath. In *The Canterbury Tales* van Geoffrey Chaucer vertelt een wulpse dame uit Bath dat zij beter weven kan dan de wevers uit Ieper en Gent. Chaucer zelf was ook met een Vlaamse getrouwd, die ook Philippa heette, Philippa de Roet, een hofdame van de koningin. De Vlaamse wevers stonden in hoog aanzien, maar bij de Boerenopstand van 1381 zouden zij en andere buitenlanders het zwaar te verduren krijgen. Ze konden *bread and cheese* niet uitspreken, ze hadden het over *brot en case*. Zo liepen zij tegen de lamp.

Erasmus en Henry VIII

De Engelsen woonden op een eiland dat deel uitmaakte van Europa. Ze voelden zich Europeaan en wilden erbij horen. De zee vormde geen grote barrière. Ze waren in de Honderdjarige oorlog van het vasteland verdreven – alleen de stad Calais mochten ze bij de vrede in 1457 nog houden –, maar misschien wel meer dan voorheen wilden de Engelsen aan het eind van de vijftiende eeuw, de eeuw van de ontdekkingen, van twijfel en onzekerheden, van nieuwe ideeën en religieuze omwentelingen, weten wat er aan de andere kant van het water gebeurde. Theologen, denkers, staatslieden, zeelieden en kunstenaars wisselden hun bevindingen uit met behulp van de boekdrukkunst, het nieuwe fenomeen. Ze ontmoetten elkaar op hun reizen door Europa en sloegen Engeland niet over. Desiderius Erasmus, de grote humanist uit Rotterdam, schreef zijn spraakmakendste, invloedrijkste boek *Lof der zotheid* toen hij in Londen logeerde bij zijn goede vriend Thomas More, die op zijn beurt zijn *Utopia* in Vlaanderen zou schrijven.

Erasmus schreef zijn Lof der zotheid, *waaruit deze illustratie, bij zijn vriend Thomas More in Londen.*

Erasmus schreef *Lof der zotheid*, een mengeling van gespeelde spot en diepe vroomheid, in vier dagen, om maar niet de hele tijd te hoeven denken aan zijn pijnlijke nierontsteking. Er moest toch iets te lachen blijven; geleerden hoefden niet altijd ernstig te zijn. Hij gaf als voorbeeld zijn vriend More, 'de lachende filosoof'. More was een voorbeeldige, blije echtgenoot en zorgzame huisvader. Niemand had kunnen bevroeden dat diezelfde Thomas More, de vrome christen, op bevel van koning Henry VIII, die twee van zijn zes vrouwen liet onthoofden, ook zelf op het schavot in de Tower zou sterven als martelaar van de kerk. Het hoofd van Thomas More werd, gespiesd op een stok, een maand lang op de London Bridge tentoongesteld.

Erasmus was tweeëndertig jaar toen hij in 1499 voor het eerst naar Londen reisde op uitnodiging van de jonge Lord Mountjoy, die bij Erasmus in Parijs colleges theologie volgde. Mountjoy, telg uit een van de rijkste en invloedrijkste adellijke families van Engeland, moest terug naar Londen om de kleine prins Henry, de latere koning Henry VIII, les te geven. Erasmus aarzelde geen moment en ging mee. Hij logeerde bij Mountjoy, die zijn leermeester voorstelde aan gelijkgestemde jonge denkers en theologen, als Thomas More en John Colet. Zij voerden serieuze, diepgaande gesprekken over de noodzaak voor de kerk terug te keren tot het ware christendom. Erasmus was de grote inspirator, maar ook een man van de wereld. Hij keek goed rond en in een brief aan een vriend zou hij schrijven: 'Kom en geniet mee van de vele geneugten die Engeland te bieden heeft; vooral van de Engelse meisjes die zo kwistig zacht en zoet zoenen.' Zelf had hij voor de meisjes echter geen tijd.

Op een dag nam Mountjoy Erasmus en More mee naar zijn leerling, prins Henry. De drie mannen gingen te voet, staken in een bootje de Thames over en wandelden druk debatterend naar Eltham, het buitenverblijf van de koning in Greenwich. In de hal werden ze opgewacht door de koninklijke familie, compleet met het hele personeel. Erasmus was diep onder de indruk van de hoffelijke, intelligente prins. More had voor de prins een gedicht meegebracht, maar Erasmus had geen cadeau bij zich, omdat hij als verrassing onverwacht mee was gegaan. Tijdens de lunch vroeg de jonge prins aan Erasmus of hij voor hem ook een gedicht wilde schrijven. Erasmus voelde zich vereerd. Meteen na thuiskomst schreef hij zijn *Lof aan Brittannië*.

Grand tour

Erasmus bezocht Oxford, ging daarna terug naar Parijs om daar te studeren en les te geven en kwam in 1505 terug naar Engeland. Hij had langer willen blijven, maar al na een jaar vroeg de lijfarts van de koning of hij met zijn twee zonen een grand tour door Italië wilde maken. Erasmus kon niet weigeren. In Italië correspondeerde hij met Henry, ze schreven elkaar gedichten in het Latijn. De twee waren zeer op elkaar gesteld. Na de plotselinge dood van zijn vader werd Henry al op zijn zeventiende tot koning gekroond. Erasmus besloot zo snel mogelijk terug te keren naar Londen, om de nieuwe, jonge koning van dienst te zijn waar hij maar kon. Het was een lange, zware reis te paard en hij broedde op zijn *Lof der zotheid*, dat hij na aankomst bij Thomas More in snel tempo schreef omdat hij ziek was geworden. Hij droeg het aan hem op.

Al dan niet door bemiddeling van Mountjoy, zijn beschermheer en mecenas, kon Erasmus naar Cambridge, waar hij aan het Queen's College Grieks en theologie doceerde; een leerstoel die nu voor het eerst sinds Erasmus weer door een Nederlands theoloog, George van Kooten, wordt bezet. Kennis van het Grieks was noodzakelijk om het Nieuwe Testament te kunnen bestuderen, dat immers in het Grieks geschreven was. Erasmus maakte zelf een nieuwe vertaling. Hij voelde zich thuis in Cambridge, maar klaagde over het weer en het Engelse bier. Hij dronk liever wijn. Zijn kurkentrekker wordt op Queen's College als een relikwie vereerd.

Er zijn historici die menen dat Erasmus met zijn nadruk op innerlijke beleving van het geloof en afkeer van uiterlijk vertoon de basis heeft gelegd voor de Engelse Reformatie. Anderen geloven daarentegen dat hij onder invloed van zijn vrienden Thomas More en John Colet op het rechte pad is gebleven. Zonder hen, zo menen zij, zou Erasmus net als Luther de kerk hebben verlaten. Erasmus bleef vijf jaar in Engeland, vertrok vrij plotseling en kwam nog één keer terug voor een ontmoeting met de kunstschilder Hans Holbein, die hem portretteerde.

Hij bleef bevriend met Thomas More, die als Lord Chancellor Henry's belangrijkste en machtigste raadgever werd. Ook met Henry VIII zelf en zijn eerste vrouw Catharine van Aragon hield Erasmus nauw contact. Hij was zeer op haar gesteld en het deed hem plezier dat zij haar groente en sla uit Holland liet komen. Henry VIII vroeg Erasmus nog eens te proberen Luther op andere gedachten te brengen.

De breuk tussen Erasmus en Henry VIII ontstond toen de koning van Catharine wilde scheiden omdat zij hem geen zoon had geschonken – ze hadden alleen een dochter gekregen. De paus weigerde het huwelijk te ontbinden, waarop Henry met Rome brak. In 1534 verklaarde hij zichzelf tot hoofd van de Engelse kerk. Thomas More en Erasmus konden deze breuk met Rome niet aanvaarden. Henry bleef zichzelf als katholiek beschouwen: niet meer rooms, maar Engels katholiek.

Thomas More nam ontslag, verliet het hof en werd toen wegens hoogverraad ter dood veroordeeld. Een jaar later, in 1536, stierf Erasmus, ziek en uitgeput, in Bazel. Zijn laatste woorden waren 'mijn lieve God'. Hij fluisterde ze in het Nederlands, de taal die de grote Europeaan sinds zijn jeugd niet meer gesproken had.

In datzelfde jaar werd Henry's tweede vrouw Anne Boleyn, die in Brussel en Parijs was opgevoed, wegens overspel terechtgesteld. Als grote gunst mocht zij van haar ex met een Frans zwaard worden onthoofd, in plaats van met een botte Engelse bijl. Jane Seymour, zijn derde vrouw, stierf in het kraambed. Van zijn vierde vrouw, Anna van Kleef, die doorging voor zijn Nederlandse vrouw, wilde hij meteen scheiden – hij vergeleek haar met een Vlaamse knol. De vijfde, Catharine Howard, werd ook weer vanwege overspel onthoofd. De zesde, Catharine Parr, overleefde hem.

Hops, reformation, bays, and beer
Came to England all in one year.

Dit vrolijke rijm dateert uit omstreeks 1523, toen de eerste protestanten uit angst voor de inquisitie vanuit de Lage Landen naar Engeland waren gevlucht. In Antwerpen werden de eerste protestantse martelaren op de brandstapel geworpen. De vluchtelingen brachten bijbels, boeken, huisraad, maar ook hop voor het maken van bier mee. Net als Erasmus hielden ze niet van het lauwe Engelse bier, dat zonder hop wordt gebrouwen. De Engelsen spraken ook niet over *bier*, maar over *ale*, dat gebrouwen wordt van mout en water. Zo hadden zij het eeuwenlang gedronken, dus was het even wennen toen die protestanten uit Holland, Zeeland, maar vooral Vlaanderen, met iets nieuws aankwamen. Het bier – mét hop – viel in de smaak en ondernemende Vlamingen gingen in het graafschap Kent hop verbouwen; hopvelden werden bezienswaardigheden.

De Vlamingen veroorzaakten met hun helder hopbier een ware revolutie. Een van de grote voordelen was dat je bier wel een maand kon bewaren, terwijl ale nog geen week houdbaar was. Maar er kwam ook verzet. Henry VIII verbood zijn brouwer om hop te gebruiken. En in 1542 werd in een pamflet over gezond voedsel, *A Dietary Health*, tegen hop gewaarschuwd; het was een 'kwaadaardig onkruid dat de gezondheid ernstig in gevaar bracht'. Ale, gebrouwen van mout en water, was de nationale drank van de Engelsman, alleen dat moest je drinken. Niet het bier, gebrouwen van mout, water en hop. 'Dat is de nationale drank van Hollanders en sinds kort wordt het ook in Engeland gedronken, ten koste van veel mensenlevens.' In tegenstelling tot ale wordt bier koud gedronken, wat heel gevaarlijk is, aldus het pamflet. Bovendien 'maakt bier de man dik, bier blaast de buik op, zoals te zien is aan de gezichten en buiken van Hollanders'. Maar dertig jaar later vertelt Reynold Scot in zijn *Perfekte plek voor een hoptuin* dat de meeste Engelsen gelukkig overgestapt zijn op bier en dat zij 'het traditionele ale nu verachten als een smerige drank'.

Hop moge dan een gelukzalig bijproduct van de Reformatie zijn geweest, het legde ook de kiem van opstand en verzet tegen een Europese unie. Begin jaren 1970, in de tijd van de EEG, dreigde Brussel het telen van mannelijk hop te verbieden, omdat mannelijk hop stuifmeel verspreidt en door de bevruchting de kwaliteit van het vrouwelijk hop wordt aangetast. De Engelse kranten spraken schande van deze discriminerende, seksistische bemoeizucht van Brussel. De zaak werd gesust. Alleen op de Engelse hopvelden wordt nog altijd mannelijke hop geplant in een ouderwets hoffelijke, beschermende kring rond het al dan niet maagdelijke vrouwenhop.

Dutch Church

Edward VI, zoon van Henry VIII uit diens huwelijk met Jane Seymour, regeerde slechts zes jaar, maar gaf de Hollandse vluchtelingen in 1550 hun eigen *Dutch Church*, Austin Friars; een voormalige kerk van augustijner monniken die zijn vader als zovele kerken en kloosters had geconfisqueerd. In tegenstelling tot zijn vader voelde Edward VI zich volbloed protestant en leefde mee met de vervolgde geloofsgenoten. De Dutch Church begon met ruim achthonderd leden en groeide snel uit. Toen IJzeren Hertog Alva in 1567 in de Lage Landen een ware heksenjacht op protestanten ontketende, vluchtten opnieuw duizenden Hollanders en Vlamingen naar Engeland. In Londen vormden zij de grootste groep buitenlanders. Ze zochten elkaar op in de Dutch Church, waar ze konden luisteren naar een preek in eigen taal.

Onder de vluchtelingen waren waterbouwkundigen, kooplieden, kunstenaars, juweliers, bierbrouwers en boekdrukkers. Zij voelden zich veilig in het protestantse Londen. Over het algemeen waren ze geliefd; ze werkten hard, verzorgden de armen en zieken en toonden zich dankbaar. Maar er waren ook bezwaren. Ze zouden te luidruchtig zijn en in schotschriften werd geklaagd over de Hollanders en Vlamingen die 'onze banen afpakken en de huizenprijzen opdrijven'. Bij het uitbreken van de Tachtigjarige Oorlog in 1568 mocht de Dutch Church, ondanks protesten van de Spaanse gezant, tijdens de kerkdiensten geld inzamelen voor de troepen van Willem van Oranje. De Dutch Church, verborgen tussen de torenhoge bankgebouwen in de Londense City, is nog altijd een levendige ontmoetingsplaats voor Nederlanders in Londen; trots op haar geschiedenis, gebrandschilderde ramen en bibliotheek met kostbare boeken die nog door de eerste vluchtelingen zijn gedrukt.

In 1550 kregen Hollanders en Vlamingen in Londen hun eigen Dutch Church.

Veere

Zeeuwen en Schotten mochten elkaar. Ze onderhielden handelsbetrekkingen en in 1444 wist Hendrik van Borselen, Heer van Veere, voor zijn elfjarig zoontje Wolfert een veertienjarige Schotse koningsdochter te verschalken, Mary Stuart – niet te verwarren met de twee andere Mary Stuarts die met prinsen van Oranje zouden trouwen. Eenvoudig was het niet geweest. Er waren over en weer heel wat cadeaus uitgewisseld. Hendrik had eens drie Zeeuwse paarden aan de Schotse koning geschonken, en als dank stuurde de koning een jonge leeuw naar Veere. Maar uiteindelijk konden Mary en Wolfert elkaar eeuwige trouw beloven en gingen ze op kasteel Sandenbergh wonen. Dat trok Schotse zeelieden en wolhandelaren, die Veere als haven kozen. Ook voor de Schotten was wol het belangrijkste exportproduct en zij mochten hun schapenvellen in de kasteeltuin te drogen leggen. Veere lag als opkomende havenstad op het eiland Walcheren gunstig en veilig. De wol kon snel naar Vlaanderen met zijn bloeiende lakenindustrie worden verscheept. Na felle concurrentie met Middelburg en Brugge kreeg Veere in 1541 de hoofdprijs: het stapelrecht voor Schotse goederen. Voortaan verliep alle import vanuit Schotland via Veere. Vanuit Veere keerden de wolschepen terug met fijn geweven stoffen, kant, schoeisel, sieraden en tapijten van Vlaamse makelij, maar ook groente en fruit en – vooral om de schepen te stabiliseren – tegels en dakpannen, zoals nog te zien is aan de Hollandse huizen in het Schotse Culross. Op het meest noordelijke puntje van Schotland ligt de havenplaats John O'Groats, waar de Hollander Jan de Groot in 1496 van de Schotse koning het recht kreeg een veerdienst naar het eiland Orkney te beginnen. Een kaartje kostte twee penny. Dat pennystuk werd naar Jan de Groot vernoemd: *the groater*. Zijn graf is in de plaatselijke kerk te bewonderen.

Het Schotse huis Het Lammeken aan de kaai in Veere.

Veere dankte zijn welvaart aan het stapelrecht. De inwoners deden er alles aan om het de Schotten, die een eigen gemeenschap vormden, naar de zin te maken. In 1600 had Veere drieduizend inwoners, van wie driehonderd Schotten. De statige koopmanshuizen aan de Kaai als Het Lammeken en In de Struys werden speciaal voor de Schotten gebouwd. Zij hoefden geen accijns op bier en wijn te betalen en het salaris van de Lord Conservator, de Schotse 'gezant', werd door de stad Veere betaald. Hij mocht ook rechtspreken over geschillen tussen Schotten onderling. De Schotten hadden hun eigen chirurgijn, predikant en koster. Ze mochten in hun eigen taal kerkdiensten houden in de noordbeuk van de Grote Kerk cn begroeven hun doden op de Schotse begraafplaats. Om de goede zeden te beschermen mochten 'losse vrouwen' die het manvolk achternareisden niet van boord komen. De vrouwen werden teruggestuurd naar Schotland. Heel wat Schotten trouwden met Zeeuwse meisjes en besloten te blijven. Voor anderen bleek het moeilijk wennen.

Schapenhart

In 1756 klaagde de Lord Conservator Charles Stuart in een lange brief aan het stadsbestuur van Veere dat het dagelijks leven veel duurder was voor de zuinige Schotten dan voor Zeeuwen, ook al hoefden Schotten geen accijns op drank te betalen. (Waar de Schotten weer aan verdienden, omdat ze de belastingvrije wijn en bier stiekem doorverkochten aan de Veerenaren.) De Schotten, legde de Conservator uit, 'lusten geen spek, sij hebben geen smaak in gort, pappen, salade, groensel en dierlijk gesont en goedkoop voedsel dat de inboorlingen sich mede behelpen'. Zij willen alle dagen eens, zo niet tweemaal, met 'suijvere vlees de buijk vol stijgen'.

Of Charles Stuart voor alle Schotten sprak blijft de vraag, want wat te denken van haggis, het nationale lievelingsgerecht van de Schotten? Dat feestgerecht bestaat uit gemalen schapenhart, long en lever, dat met veel reuzel en havermout gekookt wordt tot een dikke stevige brij. Is dat dan 'suijvere vlees'?

Misschien hield de verfijnde Lord Conservator niet van haggis of wilde hij het niet aanbevelen, omdat hij wist wat haggis met de Schotten deed. In zijn *Ode aan de haggis* wond de Schotse dichter en volksheld Robert Burns er geen doekjes om:

Maar zie hier de man die met haggis is gevoed.
De aarde beeft als hij stampt met zijn voet.
Geef hem een zuiver zwaard,
hij vecht tot in den doet.

Hij zwaait het fluitend in het rond
en benen en armen en hoofden rollen onder het bloed,
weerloos op de grond.
(vertaling Robert Sampimon)

Burns schreef zijn ode vele jaren later, maar Charles Stuart moet de haggis hebben gevreesd. Hij was een zachtaardig man. In zijn brief aan het stadsbestuur merkte hij zorgelijk op dat Schotten geen 'theewater' dronken om de dorst te lessen of geld voor bier wilden besparen. Nee, de lieve Schotten wilden suiker en melk in hun thee. Maar suiker en melk, verzuchtte hij, kostten geld. Suiker kwam helemaal uit West-Indië.

In 1799 kwam aan het ruim tweeënhalve eeuw oude stapelrecht een eind toen de Fransen de Nederlanden hadden bezet, grote zeilschepen Veere niet meer konden bereiken en Rotterdam de invoer van Schotse steenkool had gekaapt.

4. De Tachtigjarige Oorlog
1568-1648

Na de moord op Willem van Oranje in 1584 en de val van Antwerpen, de machtige havenstad, zag het er somber uit voor de Noordelijke Nederlanden in hun strijd tegen Spanje. De Opstand dreigde te mislukken. De Engelsen maakten zich zorgen. Wat konden ze doen?

Bovendien was er nog een ander, hoogst merkwaardig probleem. In het *Plakkaat van Verlatinghe* hadden de Verenigde Zeven Provinciën in 1581 koning Filips II van Spanje afgezworen. Ze hadden hem botweg aan de kant gezet. Willem van Oranje, de leider van de Opstand, was ogenblikkelijk op zoek gegaan naar een nieuwe landheer. Dat leek noodzakelijk om te kunnen overleven. Bij de Reformatie hadden de protestanten de kerkelijke hiërarchie van paus en bisschoppen afgeschaft, maar een volk had toch behoefte aan een herder; een land zonder vorst zou als niemandsland opgeslokt worden door een vraatzuchtige koning. Onderhandelingen met de Hertog van Anjou, een broer van de Franse koning, liepen op niets uit. Frankrijk leefde weliswaar net als de Noordelijke Nederlanden in onmin met Spanje, maar de hertog was katholiek en daarom niet helemaal te vertrouwen in de vrijheidsoorlog die toch ook een godsdienstoorlog was.

De toestand werd precair. De Staten-Generaal vroegen toen, na Willems dood, de Engelse koningin Elizabeth om landvoogd, soeverein, te worden. Sommigen spraken zelfs van 'koningin der Noordelijke Nederlanden'.

Elizabeth was protestant en had waardering getoond voor de slimme, godvruchtige Willem en zijn Opstand tegen Spanje. Al direct bij het uitbreken van de Tachtigjarige Oorlog was zij het die oogluikend had toegelaten dat de kerken (als de Dutch Church) geld inzamelden voor Engelse en Hollandse protestanten die met Willem wilden meevechten. Maar zij moest voorzichtig handelen. De Spaanse gezant in Londen had protest aangetekend. Spanje was een groot en machtig wereldrijk. Daar kon Engeland nog niet tegenop. De Engelse vloot was in aanbouw, want dat het na de ontdekking van Amerika tot een treffen zou komen, leek onvermijdelijk. Het Britse imperium stond in de steigers.

Elizabeth moest voorzichtig handelen. Ze wilde zich niet mengen in de Europese machtsstrijd en wenste afstand te houden, maar dat was vanaf het begin al heel lastig, en dat bleef het ook. Toen de Hollandse Watergeuzen Spaanse schepen aanvielen en de Spanjaarden – maar zij niet alleen – de Watergeuzen ervan beschuldigden ordinaire zeerovers te zijn, die onder het mom van religieuze vrijheden roofden en plunderden, moest Elizabeth optreden tegen 'het geboefte' uit vrees voor een Spaanse aanval. Op 1 maart 1572 verbood ze de Watergeuzen nog langer in Britse havens voor anker te gaan; ze moesten op zoek naar een nieuwe haven. 'Op 1 april verloor Alva zijn Bril' – dat slaat als bekend op de legendarische inname van Den Briel, die de opstandelingen de morele moed gaf na alle tegenslag door te vechten. Engelse historici vertellen graag dat de inname van Den Briel te danken was aan Elizabeth, die de zeerovers uit haar havens had verjaagd.

De Watergeuzen, als zeerovers uit Engelse havens verjaagd, veroverden op 1 april 1672 Den Briel.

Soeverein

Na de moord op Willem van Oranje, de Vader des Vaderlands, leken de verweesde opstandelingen ontredderd en verzwakt. De Spanjaarden gingen in de aanval en koningin Elizabeth vreesde dat als de Lage Landen weer in Spaanse handen vielen, Filips II vanuit Zeeland of Holland Engeland zou trachten binnen te vallen. Zij moest iets doen, maar het verzoek om soeverein van de Zeven Verenigde Provinciën te worden was te riskant, te provocerend. Ze sloeg het aanbod om die reden af.

Toch moest ze uit eigenbelang haar geloofsgenoten in het bedreigde Holland hulp bieden. Bij het Verdrag van Nonsuch in 1585 beloofde Elizabeth zesduizend infanteristen en duizend cavaleristen naar de Noordelijke Nederlanden te sturen. De Britten kregen de garnizoenssteden Vlissingen en Den Briel als onderpand. Deze 'pandsteden' zouden Brits worden als de Nederlanders na hun overwinning de kosten van het Britse legioen niet zouden terugbetalen. Tot ieders verrassing stuurde Elizabeth, die zelf buiten schot wenste te blijven, haar vertrouweling en, naar men zei, haar minnaar, Robert Dudley, de graaf van Leicester, als opperbevelhebber van de Britse troepen naar de Verenigde Zeven Provinciën. In gedrukte pamfletten en schotschriften werd beweerd dat Elizabeth van hem af wilde.

Koningin Elizabeth is nooit getrouwd. Haar vader Henry VIII had haar moeder Anne Boleyn onthoofd toen Elizabeth een kind van twee was. Die moord heeft haar leven getekend. Zij bleef de Virgin Queen, getrouwd met haar land. Met de graaf van Leicester durfde zij niet te trouwen, omdat er een te hardnekkig gerucht ging dat hij zijn eigen vrouw van de trap had gegooid (met de dood als gevolg) om met Elizabeth te kunnen huwen.

De argwaan over de keuze voor Leicester werd grotendeels tenietgedaan toen ook in Den Haag duidelijk werd dat hij de grote pleitbezorger was van een protestants buitenlands beleid, een protestantse alliantie tegen de katholieke landen. De graaf werd groots en feestelijk in Holland onthaald met overvloedige banketten onder het motto 'Wat God verenigd heeft, kan de mens niet scheiden'. Aan de Anglo-Nederlandse verbondenheid

Robert Dudley, de graaf van Leicester, verbruide het in Holland.

viel niet te tornen. In toespraken werd gesproken over Nederlanders als nieuwe Britse onderdanen. Leicester kreeg zitting in de Raad van State en werd benoemd tot landvoogd, de titel die Elizabeth geweigerd had. Ze was razend toen ze het hoorde.

Wanhopig slecht

Leicester bleek een wanhopig slecht bevelhebber; van Elizabeth had hij de opdracht gekregen de Spanjaarden niet te verjagen maar in bedwang te houden. Toen de Spanjaarden Grave veroverden gaf Leicester de dappere, Oranjegezinde burgemeester de schuld van de nederlaag en liet hem ter dood brengen, wat in het hele land veel kwaad bloed zette. Leicester, gewend aan een koning die beslissingen nam, kon niet wennen aan het eindeloze overleg van de Staten-Generaal, de Provinciale Staten en de steden die, zo leek het, allemaal andere belangen hadden. Het ergerde hem dat Holland en Zeeland handeldreven met de vijand, zelfs wapens en munitie aan de Spanjaarden bleven leveren. Het excuus van de kooplieden – dat met het geld dat aan de Spanjaarden werd verdiend wapens gekocht werden om diezelfde Spanjaarden te verslaan – kon hij niet begrijpen. Toen Elizabeth alle handel met Spanje verbood en de Engelsen begonnen Hollandse schepen op de Noordzee te controleren, waren de Hollandse kooplieden zeer verontwaardigd.

Over en weer beschuldigden de Hollanders en Engelsen elkaar ervan de militairen niet te betalen en uit te hongeren, zodat zij wel moesten muiten en roven. Britse huurlingen deserteerden en liepen over naar de vijand. Deventer en Zutphen gaven de Britten vrijwel zonder slag of stoot op een presenteerblaadje aan de Spanjaarden. Leicester vertrok in 1587 met stille trom, niemand deed hem uitgeleide.

Elizabeth benoemde hem na thuiskomst tot admiraal van

de vloot; en wel op het kritieke moment dat de Spaanse Armada Engeland dreigde binnen te vallen. De Nederlanders waren hoogst verbaasd en vreesden het ergste. De Britten wantrouwden de Hollanders en beschuldigden hen ervan de tuigage van de Spaanse schepen, de zeilen, masten, touwen en teer geleverd te hebben. Dat was waar, maar de Hollandse schepen schoten hun Engelse vrienden te hulp. Zij wierpen blokkades op en dreven de Spanjaarden naar de monding van de Thames, waar de Britten hen angstig en benauwd opwachtten. Koningin Elizabeth kwam om hun moed in te spreken met de beroemde woorden: 'Ik heb het lichaam van een zwakke, tere vrouw, maar het hart en de moed van een koning, een koning van Engeland.' Woorden die premier Margaret Thatcher bijna vier eeuwen later herhaalde toen zij de Britse vloot naar de Falklandeilanden zond.

De Spaanse Armada werd verdreven, maar nog vóór de beslissende slag werd geleverd, stierf Leicester totaal onverwacht. Elizabeth was ontroostbaar en sloot zich overmand door verdriet dagenlang op in een van haar paleiskamers. Ze wilde niemand zien en heeft Leicesters laatste brief tot aan haar dood in haar kleding bij zich gedragen.

De overwinning in 1588 op de Spaanse Armada werd zowel in Nederland als in Engeland groots gevierd, met dankdiensten in kerken en op pleinen. De irritaties, beschuldigingen en beledigingen waren vergeten. De bondgenoten spraken weer aardig over elkaar. Prins Maurits, de zoon van Willem van Oranje, stelde orde op zaken en hervormde het Staatse leger, dat voor ongeveer een kwart uit Engelse en Schotse huurlingen bestond. Koningin Elizabeth was vol lof over de Nederlanders en zei zelfs tegen de Nederlandse gezant in Londen: 'Koningen zouden in de leer moeten gaan bij uw Staten-Generaal.' Nederland kon beginnen aan zijn Gouden Eeuw, de Engelsen waren daar nog niet aan toe.

5. Rivalen
1600-1650

Weversgilde

Koningin Elizabeth, *Good Queen Bess*, wilde dan wel geen landvoogdes, zelfs geen koningin van de Lage Landen worden, maar met geen ander land, verzekerde ze, was Engeland zo hecht 'in vriendschap verbonden'. De Lage Landen waren 'onze oudste bondgenoten en meest vertrouwde buren'. De twee begrepen elkaar. Ook hun taal, zei ze, had dezelfde oorsprong. 'Zij horen bij elkaar als man en vrouw.' Na de overwinning op de Spaanse Armada werd in 1588 het fiasco van de graaf van Leicester snel vergeven en gingen de twee landen eensgezind en opgewekt verder.

Om te laten zien dat ze werkelijk meende wat ze zei, vernietigde Elizabeth een Londense gemeenteverordening die het immigranten verbood om zonder toestemming van de gilden hun vak uit te oefenen. De Londenaren bewonderden het vakmanschap van de Hollandse en Vlaamse wevers, drukkers, houtbewerkers, brouwers, schoen- en brillenmakers, maar zagen de nieuwkomers ook als bedreiging. Vlaamse weefgetouwen waren aanzienlijk efficiënter en verfijnder; ze konden toe met minder mensen en daarom vond het Londense weversgilde het eerlijk en gepast dat een immigrant drie keer zoveel voor het lidmaatschap van het gilde moest betalen als een Engelse wever.

Toch bleven de vooroordelen, met name tegen *the Dutch*, stug en taai. De Hollanders stootten de Londenaren het brood uit de mond, door hen stegen de prijzen voor voedsel en huizen, *the Dutch* brachten armoe en ellende. Hollanders pesten was een geliefde bezigheid, op straat, in de kroeg en op het toneel. Thomas Dekker, een Londenaar van Hollandse komaf die Engelser dan de Engelsen wilde zijn, had groot succes met zijn blijspel *A Shoemaker's Holiday* uit 1599. Daarin dreef hij de spot met schoenmaker Hans, die als zoveel Hollanders te veel vrat en te veel bier dronk uit een 'kanneken' of 'canniken'; een Hollands woord dat ook door zijn tijdgenoot William Shakespeare werd gebruikt.

Toch bleek dat de vele duizenden immigranten uit de Lage Landen over het algemeen goed konden gedijen. Ze pasten zich aan, richtten bedrijven op, kregen goede banen en droegen bij aan de economische groei en welvaart. Ze waren een verrijking. Met hun ijver en kennis leverden ze betere kwaliteit spullen en bevorderden de export. Londen bleef met zijn half miljoen inwoners een magneet voor ondernemers en avonturiers, maar ook het kleine Amsterdam groeide als kool. In 1570 had Amsterdam nog maar 30.000 inwoners, een eeuw later meer dan 200.000. Maar Amsterdam was niet de enige stad van het land: nergens in Europa bevonden zich zoveel steden bij elkaar als in de Republiek van de Zeven Verenigde Nederlanden.

Ook duizenden Engelsen en Schotten staken de plas over als militair in het Staatse leger, handelaar, arbeider of vluchteling. Rond 1600 hadden de Engelsen dertig kerken in de Republiek; in Amsterdam kregen ze de mooie Begijnhofkerk. Hun dominee werd door de stad betaald. In 1606 verscheen *The Dutch Schoole Master*, het eerste taalboekje voor Engelsen die Nederlands wilden leren, met zinnetjes als '*How do my father*' (Hoe vaert mijn vader?) en '*When saw you them?* (Wanneer saegh di se?). Historisch taalkundigen als Nicoline van der Sijs wijzen erop dat de twee talen toen nog meer aan elkaar verwant waren. De Engelsen konden de nuttige werken (kooplieden, wetenschappers, vrijdenkers) goed gebruiken. De Gouden Eeuw was aangebroken. Alle ogen waren gericht op de jonge Republiek.

Na veertig jaar oorlog tegen de Spanjaarden begon in 1609 het Twaalfjarig Bestand, een welverdiende rustpauze in de Tachtigjarige Oorlog. Het werd voor Engelsen minder gevaarlijk om voor werk, studie, vrijheid, kunst en overvloed naar Holland te gaan. Met tranen in de ogen schreven Engelse bezoekers over de bedrijvige vissersplaatsen waar de armen en zieken liefdevol in hun kleine houten huisjes verzorgd werden. Ieder had zijn taak. Zelfs blinden en mannen die op zee of op het slagveld een been verloren hadden, zag je netten boeten op de dijk. Vrouwen breiden dikke truien voor als het mansvolk de zee opging; op de scheepswerven bouwden de timmerlieden het ene VOC-schip na het andere en kleine kinderen speelden te midden van de houtkrullen als in een blij, bijbels gezin.

Vol bewondering constateerden Britse reizigers weinig bedelaars op straat te zien. Ze vergeleken de weeshuizen met stadspaleizen en schreven dat nergens ter wereld zo goed voor de misdeelden werd gezorgd. Het geheim was dat in Holland de vrouwen het in die armen-, wezen- en verpleeghuizen voor het zeggen hadden. Zij deden het zoveel beter dan mannen. Daarom waren de huizen en straten ook zo netjes en schoon. Misschien wel te schoon. De cynische Owen Feltham schreef: ‘Hun woningen zijn schoner dan hun lichaam, en hun lichaam is schoner dan hun ziel.’

De Engelse Kerk op het Begijnhof te Amsterdam. De dominee werd door de stad betaald.

Engelse uitdrukkingen met Nederlandse herkomst

Uit angst en afgunst dreven de Engelsen, vooral tijdens de Zeeoorlogen, de spot met alles wat *Dutch* was. *Dutch* was lachwekkend en kon niet deugen:

double Dutch – onzin
Dutch courage – jenevermoed
Dutch party – een feestje waar iedereen zelf moet betalen
Dutch uncle – iemand die bot de waarheid vertelt
Dutch comfort – een schrale troost
Dutch auction – een veiling waarbij de prijs naar beneden gaat
Dutch concert – gekrakeel

Dutch gold – klatergoud
Dutch bargain – een miskoop
Dutch oven – een warme scheet onder de dekens
Dutch defence – schijnverdediging
Dutch leave – deserteren
Dutch nightingale – een kikker
Dutch wife – een langwerpig kussen of een sekspop
Dutch widow – een prostituee

De 'Lage Landen' kregen bovendien een dubbelzinnige betekenis. In Shakespeares *Klucht der vergissingen* werd de mooie keukenmeid Nell beschreven alsof haar lijf een landkaart was. '*Where stood Belgia, the Netherlands?*' Het antwoord was: '*Oh, sir, I did not look so low.*' Tijdgenoten waren vaak minder fijngevoelig. De schrijver en dichter John Marston vergeleek Holland met een vagina en een bordeel. Opvallend is dat Nederlandse schrijvers minder hard terugsloegen.

IJspegel

Shakespeare had verscheidene Hollandse en Vlaamse vrienden, schrijft de historicus Jaap Harskamp in de *Low Countries Historical Review*. De overwintering van Willem Barentz zou hem geïnspireerd hebben tot de beroemde zin in *Driekoningenavond*: '*You are now sailed into the north of my lady's opinion, where you will hang like an icicle on a Dutchman's beard.*' Hangen als een ijspegel in de baard van een Hollander; oftewel, de dame heeft geen belangstelling meer voor u.

Geen Hollandse schrijver kon Shakespeare evenaren, maar, zegt Harskamp, schilderen konden ze in de Lage Landen wel, en wie wil weten hoe Shakespeare er vermoedelijk uitzag, zal zeker te rade moeten gaan bij

Nederlandse kunstenaars. De Amsterdamse beeldhouwer Gerrit Janssen maakte het borstbeeld in de Holy Trinity Church in Stratford upon Avon; het Shakespearemonument in de Westminster Abbey is van de Antwerpenaar Peter Scheemakers, en het portret op de eerste uitgave van Shakespeares werk is een gravure van Martin Droeshout, zoon van protestantse vluchtelingen uit Brussel. Het zou de meeste gelijkenis tonen.

Pilgrim Fathers

Maar die knusse, Hollandse gezelligheid werd niet door iedereen gewaardeerd. De puriteinse Pilgrim Fathers waren er bang voor. Deze strenge pelgrims, afkomstig van het ruige Noord-Engelse Nottinghamshire, hadden uit lijfsbehoud moeten vluchten. Ze bestreden de Kerk van Engeland, de staatskerk die zij als te paaps en te slap verketterden. Met

Martin Droeshout, zoon van Vlaamse vluchtelingen, zou het meest gelijkende portret van William Shakespeare hebben gemaakt.

een paar honderd mannen, vrouwen en kinderen waren ze in 1608 naar het tolerante Holland gekomen en vonden onderdak in Amsterdam. Ze bleven maar kort in het frivole Amsterdam, met zijn luxe, rijkdom en verderf. Algauw vertrokken ze onder leiding van dominee John Robinson naar Leiden, de lakenstad die leefde van de wol van Engelse schapen. De pelgrims kenden de schapen en vonden nederig werk in de spinnerijen en weverijen. Het was zware arbeid en ze werden slecht betaald, maar konden in vrijheid hun godsdienst belijden. Ze hielden kerkdiensten in het wevershuisje van dominee Robinson en hadden zelfs een eigen drukkerij. Ze smokkelden verboden lectuur naar Engeland zonder dat de Nederlandse autoriteiten ingrepen. Maar de vrijheid en tolerantie werden ook een bedreiging voor de hechte gemeenschap. De strenge puriteinen vreesden dat hun kinderen zouden opgroeien tot gewone, doorsnee-Hollanders, weliswaar gelovig christen, maar tolerant en niet te streng in de leer. Met afgrijzen hadden de pelgrims gezien hoe Hollandse jongens en meisjes tijdens de zondagse kerkdienst buiten in het zonnetje op het gras lagen te minnekozen. De zondag werd ontheiligd, schreven de pelgrims, 's middags werd er zelfs gedanst en bier gedronken in herbergen. En de grote gruwel, het grote symbool van Hollands falende opvoeding, was het beeld van de Hollandse vader die zijn kind voor het slapengaan een zoen gaf.

De anglicaan Owen Feltham begreep wel iets van die 'angst voor de tolerantie'. De Hollanders achten, schreef hij, 'hun Republiek hoger dan de hemel zelf, zij zondigen gemakkelijker tegen God dan tegen hun land, want wie het burgerlijke bestuur verstoort loopt de kans gestraft te worden, maar de hemelse geboden mag ieder ongestraft breken met het belijden van elke valse godsdienst die men maar wil'.

Mede om die reden vertrokken na twaalf jaar ruim hon-

De naar Leiden uitgeweken puriteinse Pilgrim Fathers vonden de Hollanders te aardig. Vaders zoenden zelfs hun kinderen.

derd van de ongeveer driehonderd Leidse pelgrims naar Amerika. Vanuit Delfshaven zeilden zij naar Plymouth en vandaar samen met Engelse pelgrims op de Mayflower naar de Nieuwe Wereld. Het was een barre tocht die niet iedereen overleefde. God stelde hen zwaar op de proef, maar eenmaal in het Beloofde Land legden zij de solide basis voor puriteins Amerika. De Pilgrim Fathers hadden het goed gezien. Na de dood van hun voorganger, dominee Robinson, werden zijn weduwe en kinderen, zoals gevreesd, Nederlands gereformeerd.

Stuart

In Engeland was de kinderloze koningin Elizabeth, de laatste van het Huis van Tudor, in 1603 opgevolgd door haar Schotse achterneef, James I, die als peuter van dertien maanden, en nog in de luiers, tot koning van Schotland was gekroond. En nu werd hij, als eerste van het Huis van Stuart, ook nog koning van Engeland. De twee landen werden niet verenigd, het bleven zelfstandige koninkrijken. James, die al in de wieg de koningskroon droeg, wist niet beter. Hij was ervan overtuigd dat zijn koningschap een goddelijk recht was. Hij regeerde als een absoluut vorst die alleen aan God en niemand anders verantwoording verschuldigd was. Hij zei te begrijpen dat zijn onderdanen hem aanzagen voor God. Hij kleedde zich zelfs als God, geen Engelse vorst of vorstin – en dat zegt wat – was zo hemels verfijnd gekleed als hij. De Hollanders beschouwde hij in tegenstelling tot zijn tante Elizabeth als 'onze natuurlijke bondgenoten'. Vol verachting sprak hij over de ketters die hun wettige, door God aangestelde koning, hadden durven verdrijven. Zoiets mocht niet, zoiets kon niet.

Als hoofd van de staatskerk, de Kerk van Engeland, vervolgde James I de puriteinen, maar ook de rooms-katholieken moesten het bezuren; vooral nadat de legendarische Guy Fawkes uit naam van Rome geprobeerd had het parlement met de koning en al zijn ministers op te blazen. Guy Fawkes, een heetgebakerd militair, werd op heterdaad betrapt toen hij op 5 november 1605 in de kelder van het Hogerhuis vaten buskruit wilde aansteken. Het liep slecht met hem af. Hij werd ter dood veroordeeld en nog ieder jaar wordt in heel Engeland op 5 november, Guy Fawkes Day, deze mislukte aanslag gevierd. Kinderen leggen dan een als Guy Fawkes verklede reuzenpop op de stoep, vragen om 'a penny for the Guy' en steken hem in brand.

James hield de Pilgrim Fathers in Leiden goed in de gaten,

Het Friese meisje Rowena schonk de koning wijn in een gouden beker tot hij dronken was.

Elizabeth I.
De koningin die zei dat Engeland en de Lage Landen 'met elkaar verbonden waren als man en vrouw'.

De steen uit Brixham, waarop Willem voet aan wal heeft gezet, wordt bewaard in het Rijksmuseum in Amsterdam.

De resten van het klooster Lindisfarne op Holy Island, Noord-Engeland, dat de Vikingen met steun van heidense Friezen plunderden.

De Slag bij Ter Heijde voor de kust van Zuid-Holland, augustus 1653.
Maarten Tromp sneuvelde, de Engelsen wonnen.
Geschilderd door Willem van de Velde.

Huwelijksportret van de negenjarige koningsdochter Mary Stuart met de veertienjarige Willem, kleinzoon van Willem van Oranje. Geschilderd door Anthony van Dyck.

deed invallen in hun drukkerij en zocht naar hem onwelgevallige boeken en schrijvers. Hij meende zich in 'dit land zonder koning' ook te mogen en moeten bemoeien met de benoeming van het bestuur van de Leidse universiteit, waar zich de felle godsdienststrijd tussen de arminianen en gomaristen, de rekkelijken en de preciezen, afspeelde. Engelsen en Schotten studeerden graag in Leiden, dus wenste James medezeggenschap. Religie beheerste het dagelijks leven. Wat in de Republiek gebeurde was van invloed op de omliggende landen. Evenals andere protestantse vorsten stuurde James als vanzelfsprekend waarnemers naar de Synode van Dordrecht, waar in 1619 werd vastgesteld wat het ware protestantisme was. De buitenlandse waarnemers ontvingen van de Staten-Generaal een ruime onkostenvergoeding en een gouden penning. In navolging van koning James, die de Bijbel in het Engels liet vertalen – de King James Bible – besloten de Staten de Bijbel in het Nederlands te vertalen: de Statenbijbel.

Gerard Reve

De volksschrijver Gerard Reve, die gaarne en veelal in bijbelse zinnen sprak, was niet alleen een groot kenner van de Statenbijbel, maar hij maakte zich ook de King James-vertaling eigen. 'Ik sprak,' schreef hij een vriend, 'jarenlang een zeer correct doch zeer apart Engels, dat niet naliet indruk te maken. Als ik de staande uitdrukking niet kende, citeerde ik uit de Schrift. Voor "dat is allemaal onzin en gelul", sprak ik: "*That is vanity and vexation of spirit.*" Ook zei ik met een onbewogen gezicht, als ik bedoelde "dat weet ik niet" "*thereof I know not*".'

Tennissen

Voor het Huis van Oranje-Nassau had James weinig waardering, maar toch nodigde hij stadhouder Maurits bij hem in Londen uit op het Whitehall Palace te komen tennissen. Hij verhief hem tot ridder in de Orde van de Kousenband, waar de leden van de Staten-Generaal niet blij mee waren, omdat zij huiverig waren voor vorstelijke ambities van de Oranjes. Maar Maurits, de zoon van Willem van Oranje, werd door vriend en vijand geprezen en bewonderd als een groot veldheer en militair strateeg. Zijn ideeën worden nog altijd bestudeerd. Willem van Oranje had al zijn zilver moeten verkopen om de Opstand te financieren, maar bij Maurits stroomde het geld weer binnen.

Vanzelfsprekend zocht James in de Dertigjarige Oorlog (1618-1648) bij Maurits steun voor de Protestantse Alliantie in de strijd tegen de katholieke vorsten. Bovendien was de dochter van James, Elizabeth, getrouwd met keurvorst Frederik van de Palts, die koning van Bohemen werd. Frederik was een kleinzoon van Willem van Oranje, zijn moeder was een halfzus van Maurits. Maurits moest zijn achterneef dus wel helpen, maar al na één winter verloor Frederik zijn kroon. Sindsdien werd hij de Winterkoning genoemd. Hij vluchtte met de Winterkoningin Elizabeth van Praag naar Den Haag. Daar kregen zij het paleisje op de Kneuterdijk, waar landsadvocaat Johan van Oldenbarnevelt had gewoond. Het stond leeg: Maurits had zijn vroegere leermeester een jaar eerder een kopje kleiner gemaakt.

De Winterkoning en zijn vrouw kwamen met meer dan tweehonderd lakeien en bedienden – daar keek Den Haag wel even van op. Maar het geld was gauw op. Het gevluchte koningspaar moest bezuinigen en maakte torenhoge schulden die ze nooit afbetaalden. De Winterkoningin was een sprankelende, intelligente vrouw, ze sprak haar talen, was kunstzinnig, gaf opdrachten aan Hollandse schilders en zorgde ervoor dat een Hollander het beheer over haar vaders kunstverzameling in Londen kreeg. Ze ontving op de Kneuterdijk en op het fabuleus mooi ingerichte Jachtslot in Rhenen, dat zij ook betrokken, schrijvers en geleerden uit heel Europa. Met haar pracht en praal probeerde ze het Binnenhof van stadhouder Maurits in de schaduw te stellen. Maurits, die ongehuwd bleef, had haar indertijd willen trouwen, maar vanwege zijn lage afkomst zou hij zijn afgewezen. Desalniettemin werd Maurits uitgenodigd op haar huwelijk met Frederik. Op dat huwelijksfeest speelde William Shakespeare op het paleis zijn nieuwe blijspel *The Tempest*. Maurits en Shakespeare zullen elkaar hoogstwaarschijnlijk ontmoet hebben, maar zeker weten doe ik het niet.

James en Maurits hadden elkaar nodig. De koning zocht protestantse bondgenoten, de stadhouder zocht erkenning bij de Europese vorsten. Maar of ze elkaar als vrienden vertrouwden is te betwijfelen. Met afgunst en jaloerse blik keek James naar de Hollandse nieuwrijken. Hij was het eens met de boze Britten die schreven: 'De Hollanders doen alles voor geld. Andere landen worden arm van oorlog voeren, maar de Hollanders worden er rijk van.' Het was de zoveelste toespeling op de verkoop van wapens aan de Spaanse vijand. Het blijft bijzonder dat de Republiek haar Gouden Eeuw beleefde in die Tachtigjarige Oorlog.

Bloedzuigers

James nam ook zelf geen blad voor de mond. Hij noemde de Hollanders zelfs 'bloedzuigers die mij willen ruïneren'. Zo schiep hij opnieuw een klimaat van ergernis, jaloezie en rivaliteit. En om die Hollanders te pesten hief hij torenhoge invoerrechten op Hollandse golfballen; de Hollanders hadden met succes het golfspel naar Schotland gebracht, maar daar mochten ze kennelijk geen geld aan verdienen.

De Hollanders en de Engelsen waren rivalen. Ze hadden veel gemeen, ze leefden van handel en de zee, ze kenden elkaar. Ze leken op elkaar. En het waren de Hollanders en Zeeuwen die na de ontginning van eigen land in Engeland de moerassen kwamen droogmalen. De beroemdste van hen is de Zeeuw Cornelis Vermuyden, die van koning James de opdracht kreeg de tuinen van Windsor watervrij te maken en de dijken bij Dagenham aan de Thames te verzwaren. Het bekendst werd hij met het droogleggen van The Fens in East Anglia. Vermuyden werkte graag met Hollandse en Zeeuwse dijkwerkers. Ze stichtten kleine gemeenschappen en zorgden ervoor dat East Anglia een 'Klein Holland' werd, met namen als Southery (Zouterij) en Nordelph (Noord-Delft). Vermuyden liet zich nationaliseren tot Engelsman en werd tot de adelstand verheven, maar kreeg ook veel tegenwerking. Hij stierf in Londen, arm en berooid. Zijn zoon werd een van de oprichters van de Royal Society, het Brits genootschap voor wetenschappen.

Haringvijver

Al eeuwen domineerden de Hollanders en Zeeuwen de haringvangst op de Noordzee, die de Haringvijver werd genoemd. Iedere zomer opnieuw trokken honderden haringschepen naar de Shetlandeilanden ten noorden van Schotland waar zij volgens afspraak op midzomernacht, 24 juni, het feest van Sint-Jan, de eerste nieuwe haring mochten ophalen. Ze bleven er de hele zomer, schuilden en foerageerden in Lerwick, de enige stad op Shetland, die als handelspost door de Hollanders was gebouwd. Aan het eind van de zeventiende eeuw hebben vrome Shetlanders dit 'Hollandse Sodom en Gomorra' verwoest, als straf voor hun 'liederlijk en onzedig gedrag'.

Tegen het eind van de zomer zakte de haringvloot langzaam af naar het zuiden, langs de kust naar de monding van de Thames. Het bleef oppassen; noodgedwongen waren de vissersboten bewapend, kapers en zeerovers lagen op de loer. Wie overmeesterd werd mocht blij zijn als hij alleen zijn vangst verloor. Op het overtreden van bestaande en soms zelfs verzonnen regels stond vaak de doodstraf. Adriaen Coenen, een Scheveningse visser, handelaar en wetenschapper schreef in zijn prachtig geïllustreerde *Visboeck* uit 1580 – dat hij Willem van Oranje nog in Delft had mogen aanbieden – hoe voorzichtig vishandelaren moesten zijn. Een handelaar uit Egmond had in Engeland heel dom minderwaardige teunhaai verkocht als hoogwaardige steur. Toen hij een paar weken later in Engeland terugkwam werd hij ogenblikkelijk gearresteerd, door de rechtbank tot de galg veroordeeld en in het openbaar opgehangen.

De fluyt

Maar niet alleen werden de Hollandse haringvissers met argwaan bekeken, ook de koopvaardijschepen, de vrachtvaarders, werden benijd en beschuldigd van oneerlijke concurrentie. Rond 1590 hadden Hollandse scheepsbouwers de fluyt ontwikkeld: een snel, ruim schip dat aanzienlijk minder matrozen nodig had dan de wat lompe Britse handelsschepen; tien man in plaats van dertig. Die tien man moesten wel hard werken en kregen minder vlees en bier dan op Engelse schepen, maar de gage was hoger.

Op de Oostzee waren de Hollanders met hun graanfluyten heer en meester. Ook in Het Kanaal tussen Frankrijk en Engeland was het vrachtvervoer vrijwel geheel in handen van Hollanders. Een verbod op export van Britse producten in buitenlandsc schepen haalde niets uit, noch de wetten die Britse matrozen verboden dienst te nemen op Hollandse

De fluyt, het ranke Nederlandse vrachtschip, was de Engelsen te snel af.

schepen. De Hollanders, zei men, roven niet alleen onze zee leeg, maar beroven ons ook van de handel op zee.

Opnieuw gingen in Engeland stemmen op om de Noordzee te verklaren tot Engelands territoriale wateren. James, altijd om geld verlegen, steunde voorstellen om de Hollanders te laten betalen voor de haring en andere vis die ze er vingen. Hij verlangde ook dat buitenlandse schepen de vlag zouden strijken voor Britse oorlogsschepen. De Hollanders waren bereid ter begroeting de vlag te strijken, maar niet als teken van erkenning van Britse soevereiniteit. Zij beriepen zich op 'Mare Liberum', de theorie die ontwikkeld was door de beroemde wetgeleerde en theoloog Hugo de Groot, de man die in een boekenkist ontsnapte uit Slot Loevestein.

Hugo de Groot stelde dat de lucht en de zee voor iedereen vrij waren; die konden niemand toebehoren. De Britten verwierpen de ideeën van De Groot en spraken over het recht op een 'Mare Clausum', een gesloten zee. (In de achttiende eeuw werd het principe van territoriale wateren erkend, de grens werd de afstand die een kanonskogel vanaf het land kon bereiken.) De Britten eisten de walvisvaart op, omdat zij Spitsbergen zouden hebben ontdekt en de Poolzee dus een Britse zee was. De Hollanders wilden er niets van weten. Willem Barentz, Van Heemskerk en Plancius waren er eerder geweest.

Hugo de Groot had zijn theorie over de vrije zee in 1609 in opdracht van de VOC ontwikkeld. Dat wil zeggen, aan het begin van het Twaalfjarig Bestand, toen Nederlanders en Spanjaarden hadden afgesproken geen vijandelijke schepen, of schepen van hun bondgenoten meer te zullen kapen. Met een beroep op de open zee meende de VOC het recht te hebben het Spaanse monopolie op de handelsroutes naar de Oost en West te mogen doorbreken. De Engelsen waren het deze keer volledig met de Hollanders eens.

Peper en nootmuskaat

In 1599 was de English East India Company opgericht, drie jaar voordat de Hollanders en de Zeeuwen hun krachten bundelden in de Vereenigde Oostindische Compagnie. Hun zeekaarten waren aanzienlijk beter dan die van de Engelsen. De VOC had zich uitstekend voorbereid en zelfs spionnen naar Portugal gestuurd om de kunst af te kijken, en uit te vinden waar en hoe je de beste peper, kruidnagels, nootmuskaat en andere specerijen vond. Ze beschikte ook over meer geld – in 1609 was de Amsterdamsche Wisselbank opgericht – en in de eerste zeven jaar van haar bestaan vertrokken er vijfenvijftig VOC-schepen naar de Indische Archipel, terwijl de Engelsen in negen jaar slechts twaalf schepen uitzonden. De VOC en de EIC wilden de Portugezen en Spanjaarden verdrijven en besloten daarom zo veel mogelijk samen te werken.

Hun geschillen zouden ze vriendschappelijk oplossen, maar de Nederlanders wezen de Britten er wel op dat het principe van de vrije zee niet zonder meer gold in de Indische wateren, waar de voc extra kosten had gemaakt met het oprichten van handelsposten en het beveiligen van handelsroutes.

In 1623 ging het fout. Herman van Speult, de gouverneur van Fort Victoria op Ambon, had gehoord dat de Britten een samenzwering beraamden tegen de voc. Ze zouden de Hollanders willen verdrijven en hem willen vermoorden. Van Speult ondernam ogenblikkelijk actie en arresteerde alle Britten die hij kon vinden. Ze werden onderworpen aan een hardhandig verhoor, waarbij ook het beruchte waterboarding, het onderdompelen in water tot de verdachte bijna stikt, werd toegepast. Wie bekende, werd ter dood veroordeeld door een inderhaast gevormde rechtbank. Tien Engelse kooplieden, negen Japanse huurlingen en een Portugees trof dit lot. Zij werden in het openbaar onthoofd.

Toen het nieuws via de eerste Engelstalige kranten, die nota bene in Nederland werden gedrukt, Engeland bereikte, ontstak een golf van woede en verontwaardiging over het 'bloedbad van Ambon'. Het bleek een geliefd onderwerp voor pamflettisten en toneelschrijvers. In 1633, tien jaar na het bloedbad, oogstte een zekere Walter Mountfort veel applaus met een toneelstuk waarin ook Hollandse zeelieden voorkwamen die in het Hollands hun afschuw over gouverneur Herman van Speult uitspuwden: 'Herman van Speult is een schelm in zijn hart.'

Ambon

Veertig jaar later, in 1673, deed de beroemde schrijver en dichter John Dryden het nog eens dunnetjes over met zijn toneelstuk *Amboyna: or, the Cruelties of the Dutch to the English Merchants*. In deze aanval op alles wat Hollands was vroeg

Dryden zich ook af waarom een zekere Engelsman werd gespaard. De vrouw van die Engelsman had de rechter gesmeekt haar man vrij te laten, hij was onschuldig, huilde ze. De corrupte rechter streek over zijn hart. Hij liet de man vrij op voorwaarde dat zij met hem, de rechter, naar bed ging. Ze kon niet weigeren. Alleen een Hollandse rechter kon zulke immorele eisen stellen. Dryden schreef zijn opruiende *Amboyna* tijdens de Derde Engelse Zeeoorlog, toen de Engelsen maar niet genoeg kregen van anti-Hollandse propaganda.

Nooit is bewezen of de Engelsen inderdaad een samenzwering hadden beraamd, zoals Van Speult zeker meende te weten. In de Nederlandse geschiedenisboeken wordt 'het bloedbad van Ambon' niet of nauwelijks vermeld, maar voor de Engelsen was het een van de redenen of drogredenen om de Republiek in 1652, dertig jaar na het voorval, de oorlog te verklaren. Dit werd de Eerste Engelse Zeeoorlog.

Maar zover is het nog niet: eerst gaan we nog feestvieren, het huwelijk in Londen van de negenjarige Engelse koningsdochter Mary Stuart met de veertienjarige Willem, de latere stadhouder Willem II. Koningin Elizabeth had het al zo mooi gezegd: beide landen zijn met elkaar verbonden als man en vrouw. De twee koningskinderen maakten dit waar.

6. Trouwen en rouwen

1625-1650

De Kneuterdijk

Koning James en stadhouder Maurits stierven allebei in 1625. De een in Londen, de ander in Den Haag. James werd opgevolgd door zijn zoon Charles I, de oudere broer van Elizabeth, de Winterkoningin op de Kneuterdijk. Bij Maurits lag het iets ingewikkelder. Maurits had acht buitenechtelijke kinderen, maar hij was nooit getrouwd en geen van de bastaards mocht zich de nieuwe Prins van Oranje noemen. Dat recht was alleen een wettige erfgenaam gegund. De prinsentitel ging naar zijn halfbroer Frederik Hendrik, die in 1584 was geboren, een halfjaar voor hun vader Willem van Oranje in Delft werd vermoord. Maurits, vol berouw over zijn losbandige leven, had Frederik Hendrik min of meer gedwongen om Amalia van Solms te trouwen, een hofdame van de Winterkoningin. Amalia was een Duitse gravin die wist wat ze wilde. Ze kende alle kneepjes van het Europese hofleven en was vastbesloten de Oranjes op te stoten in de vaart der volkeren. Daar slaagde ze wonderwel in. Haar zoon Willem trouwde met een Engelse prinses, haar dochter Louisa Henriëtte werd betovergrootmoeder van de Duitse keizer en een andere dochter, Albertine Agnes, heeft ervoor gezorgd dat er via de vrouwelijke lijn nog altijd bloed van Willem van Oranje door 'd'adren' stroomt van koning Willem-Alexander.

De Staten van Holland, Zeeland, Utrecht en Gelderland benoemden Frederik Hendrik tot stadhouder en de Staten-Generaal maakten hem meteen opperbevelhebber van leger en vloot. Na het Twaalfjarig Bestand was de tweede helft van de Tachtigjarige Oorlog in alle hevigheid losgebarsten. Dat was niet in het voordeel van de Hollanders. De oorlogskas was leeg en de Spanjaarden gingen in de aanval. Maar het tij keerde en al in 1628 veroverde kaperkapitein Piet Hein de Spaanse Zilvervloot. De buit bedroeg omgerekend zo'n 200 miljoen euro. Er was weer geld om het leger op peil te brengen; de Britse brigade en de Schotse brigade van het Staatse leger konden worden versterkt en draaiden op volle toeren.

Vooral de Schotten waren in het Staatse leger geliefd. Het waren uitmuntende soldaten, krijgslustig en betrouwbaar. De Schotse brigade bleef bestaan tot eind achttiende eeuw en was in zware tijden tienduizend militairen sterk. Heel wat Schotten besloten hier te blijven, overal verrezen kleine Schotse kerken; de Engelsen hadden hun *church*, de Schotten hun *kirk*.

Amalia

Frederik Hendrik kreeg een tiende van de opbrengst van de Zilvervloot. Hij kon er het nieuwe paleis Honselaersdijk voor laten bouwen. Ook de VOC legde hem geen windeieren en als 'Stedendwinger' wist hij in de heroverde steden veel geld binnen te halen. Amalia en hij hielden van hun paleizen. Ze verfraaiden ze in Franse stijl en legden betoverende tuinen aan met exotische planten en dieren uit verre landen. Ze ontvingen er belangrijke gasten en deden er alles aan om zich te kunnen meten met de Europese vorstenhuizen. Ze hielden ook van kunst. Kort na haar huwelijk had Amalia een schilderij gekocht van de grote barokschilder Peter Paul Rubens; heel toepasselijk was het een afbeelding van het huwelijk van Alexander de Grote, de legendarische veldheer met wie zij Frederik Hendrik graag vergeleek. Mythologische afbeeldingen waren in de mode. In de Oranjezaal van Huis ten Bosch, het paleis dat Amalia liet bouwen, laten de schilderingen zien dat ook de Oranjes afstammen van de goden en helden uit de Klassieke Oudheid. Daar moesten de sobere calvinisten wel even aan wennen. Herhaaldelijk moest Frederik Hendrik eraan herinnerd worden dat de stadhouder geen vorst was, maar 'des Heeren Staeten dienaer'.

Amalia had de secretaris van Frederik Hendrik, Constantijn Huygens, gevraagd om te bemiddelen bij de aankoop van het schilderij van Rubens. Huygens, een briljant diplomaat en groot dichter, kende Rubens goed. Eerder al had hij in opdracht van de Engelse koning James bij hem in Antwerpen schilderijen gekocht. Constantijn Huygens was als jongeman regelmatig te gast geweest bij het Engelse hof. Hij mocht een keer mee met de Hollandse gezant in Londen, bij wie hij logeerde. Hij maakte toen diepe indruk op de koning met zijn fabelachtige eruditie, zijn liefde voor kunst en poëzie. Huygens bleek ook nog eens een begaafd musicus te zijn en de koning vroeg hem op het paleis op zijn luit te komen spelen. Ze werden vrienden, en toen James stierf hielp Huygens diens zoon Charles I bij de uitbreiding van de koninklijke kunstverzameling. Deze collectie groeide uit tot de grootste en mooiste verzameling van Italiaanse, Duitse, Vlaamse en Hollandse meesters. Titiaan, Rafaël, Caravaggio, Leonardo da Vinci, Albrecht Dürer, Hans Holbein: ze hingen allemaal bij Charles aan de muur. Rubens kwam er maanden achter elkaar schilderen en diens vroegere leerling Anthony van Dijck werd zelfs Charles' hofschilder.

In Engeland werd gefluisterd en gemord. Charles zou zich meer bekommeren om zijn schilderijen dan om zijn onderdanen. Net als zijn vader meende Charles alleen aan zijn Schepper verantwoording te zijn verschuldigd. Kunst verbeeldde de goddelijke oorsprong van het koningschap en was daarom van groot belang. Naar het parlement wilde Charles niet luisteren. Voor politieke en religieuze gevoeligheden had hij weinig begrip, zodat de puriteinse oppositie, zowel in de steden als op het platteland, steeds sterker en dreigender werd. De gematigde anglicaanse kerk, waar de koning het hoofd van was, kreeg te veel paapse trekjes. Met argwaan hadden de protestanten gereageerd op Charles' huwelijk met de Franse koningsdochter Henriëtta Maria. Zij was een vroom katholiek, had zelfs in het openbaar voor de zielenrust van katholieke martelaren gebeden, en weigerde deel te nemen aan de anglicaanse kroningsplechtigheid in de Westminster Abbey. Henriëtta Maria had haar eigen kapel, waar Rubens, ook een overtuigd katholiek, het altaarstuk voor had gemaakt. Mooi en aandoenlijk, maar Rubens' ware Londense triomf vierde hij met zijn grandioze plafondschilderingen voor het Banqueting House, de grote ontvangstzaal van het Whitehall Palace. Deze pronkzaal is het enige deel van het paleis dat nog bestaat. Het blijft een grote toeristenattractie. Vanaf het plafond kijkt de koning in hemelse glorie neer op het aards gewoel. Rubens wist wat zijn opdrachtgevers verlangden. Als dank verhief de koning hem tot ridder.

Mary

Maar Sir Peter Paul Rubens kwam niet alleen om te schilderen. Hij kwam ook als diplomaat in opdracht van de Spaanse koning Filips IV. Die was zíjn koning; Antwerpen, de stad waar Rubens woonde, behoorde tot de Spaanse Nederlanden. Vol overtuiging vroeg Rubens koning Charles zijn steun aan de Republiek te beëindigen, en vrede met Spanje te sluiten. Stadhouder Frederik Hendrik bleek een geduchte vijand voor de Spanjaarden, hij heroverde stad na stad. Bovendien brachten de Hollanders met het kapen van de Zilvervloot en andere schepen die rijk beladen uit de Oost en de West terugkwamen Spanje flinke schade toe. Spanje raakte in geldnood. Het zwaarbeproefde Engeland, zo redeneerde Rubens, was ook aan vrede toe. Charles was gevoelig voor de woorden van Rubens en diens Spaanse meesters. Hij sloot een akkoord met Spanje, tot verwondering en vrees van de protestantse bevolking.

Ter bezegeling van de nieuwe vriendschap werd afgesproken dat Charles' oudste dochter Mary zou trouwen met de Spaanse kroonprins. In het geheim spoorde Charles de Spanjaarden aan om een sterke vloot naar de Noordzee te sturen om die lastige Hollanders eindelijk mores te leren; daar zouden de Engelsen ook baat bij hebben. De Spaanse schepen mochten in de Britse havens schuilen. Vlootadmiraal Maarten Tromp kreeg er lucht van. Hij vroeg de Staten-Generaal toestemming om de Spanjaarden tot in de Britse wateren te achtervolgen en versloeg hen bij de Slag van Duins, ten zuiden van Dover.

Schoorvoetend

Geschrokken en noodgedwongen zocht Charles weer toenadering tot de Republiek. Ook Den Haag hoopte op betere betrekkingen. Tijdens een onderhoud met de Nederlandse gezant in Londen stelde Charles onverwacht voor om zijn tweede dochter Elizabeth te koppelen aan Willem, het zoontje van Frederik Hendrik en Amalia. Het was geen geheim dat de stadhouder en zijn vrouw uit dynastieke motieven aasden op een 'echtelijke verbintenis' met het Engelse koningshuis. Na aarzelingen liet de stadhouder beleefd weten alleen geïnteresseerd te zijn in Mary, de oudste dochter die al beloofd was aan de Spaanse prins. Na veel geharrewar en met grote kans dat het Engelse parlement een huwelijk met een katholieke Spanjaard niet zou aanvaarden – wat zo'n weigering ook mocht betekenen –, stemden Charles en Henriëtta Maria schoorvoetend in met het huwelijk van hun negenjarige dochter Mary Stuart met de veertienjarige Willem van Oranje, de latere stadhouder Willem II.

Het huwelijk vond plaats op 12 mei 1641 in de kapel van het Whitehall Palace. Drie weken eerder had de vlootvoogd Witte de With de jonge bruidegom met een *flotilla* van schepen naar Engeland gebracht. Willem was beladen met sieraden en juwelen die door Constantijn Huygens in nauw overleg met de schoonfamilie waren uitgezocht. De jonge Willem maakte kennis met de bruid en schreef zijn ouders dat ze er mooier uitzag dan op het portret dat hij in Den Haag had gezien. De Engelse koning en de koningin keurden Willems kleding af en hij kreeg een geheel nieuwe garderobe, die Frederik Hendrik betaalde. Tot de nieuwe kleren hoorde het met goudbrokaat afgezette oranjekleurige zijden kostuum met brede kraag, dat Willem droeg op het staatsieportret dat Anthony van Dyck van het jonge paar maakte en Frederik Hendrik natuurlijk weer betaalde.

Mary was een prinses, daarom kreeg zij op het portret meer aandacht dan haar echtgenoot die van lage adel was. Willems ouders waren niet uitgenodigd voor het huwelijk en Charles en Henriëtta Maria zaten in de kapel nadrukkelijk op een verhoging, boven alle anderen verheven. Het was een sobere plechtigheid. Na de inzegening werden de jonggehuwden in aanwezigheid van de koning en koningin, bisschoppen en hoogwaardigheidsbekleders, naar behoren te bed gelegd. Ze waren te jong om het huwelijk te consumeren. Het was een symbolisch ritueel, maar het kindbruidje was zo stevig in doeken en dichtgenaaide nachtjaponnen gewikkeld dat de Nederlandse afgevaardigden vreesden dat als het Engeland economisch en politiek weer beter zou gaan, ontkend zou worden dat het huwelijk ooit had plaatsgevonden. Wellicht zou men Mary aan een betere partij kunnen uithuwen? Willem bleef nog een maand op het paleis en werd toen door Maarten Tromp naar Den Haag teruggebracht. Zijn vrouw bleef bij haar ouders in Londen achter.

De politieke toestand in Engeland verslechterde snel. De koning meende nog steeds het parlement te kunnen negeren en nog geen jaar later, in 1642, brak de Burgeroorlog uit, de oorlog die nog altijd in het Britse geheugen gegrift staat. Koning Charles en zijn Cavaliers moesten vluchten voor de Roundheads, de kortgeknipte parlementariërs die onder leiding stonden van de puritein Oliver Cromwell. De koning stuurde Mary en haar moeder naar Den Haag. Tromp kwam hen halen en als dank werd hij door de koning geridderd. Alsof er niets aan de hand was, werden de koningin en haar dochter in Den Haag groots ontvangen met erepoorten, overvloedige banketten en jubelende toespraken. Frederik Hendrik roemde de eeuwenoude banden van Hollandse edelen met het Engelse koningshuis. Henriëtta Maria reisde met groot vertoon het land door om geld in te zamelen voor de strijd tegen Cromwell.

Ze had ook haar juwelen meegebracht, die ze in het rijke Holland wilde verkopen en verpanden. De verkoop wilde niet vlotten; verscheidene diamanten waren zo groot en zo kostbaar dat geen juwelier ze durfde te kopen en geen bank ze als onderpand wilde aanvaarden. Bovendien maakte Cromwell ernstige bezwaren. Hij beschuldigde de koningin ervan de 'kroonjuwelen' te hebben gestolen en zei ze terug te vorderen. De Staten-Generaal, die niet overliepen van enthousiasme voor de royalisten, wilden geen problemen. Frederik Hendrik daarentegen was wel bereid juwelen als borg te aanvaarden en leningen te geven. Koningin Henriëtta Maria, begaan met het lot van haar man, wilde terug naar Engeland. Ze steunde hem door dik en dun, nam initiatieven, hield de moraal hoog, maar moest in 1644 naar haar familie in Frankrijk vluchten, waar ze wanhopig bleef bedelen om hulp voor haar belaagde echtgenoot.

Hoed met pluimen

De jonge Willem sprak zijn vrouw zelden. Mary bleef bij haar moeder wonen en zou pas op haar achttiende bij haar man intrekken. Als hij haar zag, was ze altijd in gezelschap van hofdames. Maar op een dag was ze alleen. Hij trachtte haar te verleiden en op het moment suprême – zo vertelde Willem later pochend aan zijn Friese neef Willem Frederik – kwam een hofjuffer de kamer binnen. Zij zag wat er gebeurde en ving het Oranjezaad op in haar hoed met pluimen. De historicus Luc Kooijmans, die de geschriften van Willem Frederik heeft bestudeerd, is ervan overtuigd dat het verhaal geen verzinsel is.

Ondertussen werden de royalisten in het nauw gedreven. Ze verloren veldslagen, werden uit steden verdreven en de koning werd gevangengenomen, al wisten juristen niet wat ze de onschendbare koning ten laste konden leggen. Niemand wilde zich eraan branden. Uiteindelijk werd de Hollandse rechtsgeleerde, Isaac Dorislaus of Dorislaer, hoogleraar aan de universiteit van Cambridge, bereid gevonden een wet op te stellen die het mogelijk maakte een koning op beschuldiging van landverraad te berechten. Zo kon, met Hollands vernuft, een speciale rechtbank koning Charles in de eeuwenoude Westminster Hall wegens landverraad ter dood veroordelen.

Voor het Whitehall Palace werd een schavot gebouwd. Op 30 januari 1649 schreed koning Charles door de Banqueting Hall naar buiten. Nog één keer wierp hij een blik op de triomfantelijke afbeeldingen van zijn onoverwinnelijke vader, koning James. Hij had twee hemden over elkaar aangetrokken om niet te rillen van de kou. De toeschouwers mochten niet denken dat hij beefde van angst. Hij sprak zijn laatste woorden, 'vanuit een rechteloos land te vertrekken naar een rechtvaardige wereld', en gaf daarna zelf de beul het teken zijn werk te doen. Met één zwaardslag sloeg de beul het hoofd van de romp. De boze toeschouwers, die om de dood van de koning geroepen hadden, waren ontzet. Zelfs Cromwell knielde neer bij het hoofd van de koning en sprak van een noodzakelijk kwaad. Hij beval het hoofd van de koning weer aan de romp vast te naaien.

Isaac Dorislaer, de Hollandse jurist en hoogleraar in Cambridge die de terechtstelling van koning Charles wettig had verklaard, vluchtte naar Den Haag, waar hij door royalisten in herberg De Swaen werd vermoord.

Koningsmoord

In de Republiek werd woedend en geschokt gereageerd op de 'koningsmoord'. Isaac Dorislaer, de vindingrijke Hollandse rechtsgeleerde die het proces tegen de koning wettig had durven verklaren, vluchtte naar Den Haag, waar hij in herberg De Swaen door Engelse royalisten werd doodgestoken, zoals de kranten uitgebreid in alle detail meldden.

De verwarring en onrust waren groot, ook in de Republiek. Alles kwam tegelijk. Het jaar tevoren, in mei 1648, was met de Vrede van Münster een einde gekomen aan de Tachtigjarige Oorlog. Dat was een grote opluchting, maar het volk was nauwelijks bekomen van het verdriet over het overlijden van stadhouder Frederik Hendrik in 1647. Zijn ongedurige zoon, de eenentwintigjarige nieuwe stadhouder Willem II had willen doorvechten, geen vrede willen sluiten en wenste nu naar Engeland te varen om de moordenaars van zijn schoonvader de oorlog te verklaren. De Staten-Generaal grepen in en verboden het hem. Burgers en regenten verlangden naar vrede, vrijheid en rust. Met name Amsterdam, de machtigste stad van het land, wilde handeldrijven, geen nieuwe avonturen. Velen vreesden de roekeloze Willem II niet in bedwang te kunnen houden. Zij waren bang voor een oorlog met Engeland, maar zover kwam het niet. Twee jaar na de onthoofding van zijn schoonvader, stierf Willem II onverwacht aan de waterpokken. Hij was vierentwintig jaar oud.

En alsof de gevoelens en emoties nog niet genoeg op de proef waren gesteld, werd acht dagen na Willems dood, op 4 november 1650, zijn zoon geboren. Het wiegje werd met zwarte strikjes bekleed. Zijn moeder Mary wilde hem vernoemen naar haar vermoorde vader koning Charles, maar Amalia, de oma van het kind, eiste dat hij, net als zijn overleden vader, Willem zou heten. Tot in de Kloosterkerk in Den

Haag, waar het jongetje gedoopt werd, bleven de twee vrouwen luid kijven. Tussen Amalia en Mary is het nooit meer goed gekomen.

De Staten besloten, op initiatief van Holland en Zeeland, geen nieuwe stadhouder te benoemen, en zeker geen Oranje – daar hadden ze even genoeg van. Het eerste stadhouderloze tijdperk begon. Niemand had kunnen bevroeden dat die kleine Oranjetelg, die het hoogste ambt in de Republiek nooit zou mogen bekleden, toch stadhouder werd en zelfs koning van Engeland. Hij ging de geschiedenis in als koning-stadhouder Willem III.

Maar voor het zover was, voerden beide landen eerst nog drie keer oorlog met elkaar.

7. Oorlog op zee

1650-1660

Engeland was in 1652, net als de Nederlanden, een Republiek. Oliver Cromwell, de vrome puritein die de koning een kopje kleiner had gemaakt, kreeg een mooi idee. De twee zeevarende protestantse naties zouden een unie moeten vormen; een bolwerk tegen corrupte vorstendommen en paapse afgoderij. Tot Cromwells vreugde hadden de regenten de familie Oranje buitenspel gezet en lag de weg open naar het pure, strenge christendom. Cromwell sloot de theaters, kroegen en bordelen en maakte een eind aan de tolerantie, 'dat duivels masker dat slapheid en goddeloosheid verborg'. Vrouwen behoorden zich te kleden in een lange zwarte jurk en kinderen die op zondag een balletje trapten werden met zweepslagen gestraft. Op overspel stond de doodstraf.

Cromwell stuurde zijn gezanten naar Den Haag met de plannen voor het samengaan. De regenten stonden perplex. Aan het begin van de Opstand hadden de Verenigde Provinciën aan koningin Elizabeth gevraagd voogdes der Nederlanden te worden. Zij had geweigerd, maar nu de Republiek sterk en rijk was, probeerde Cromwell op slinkse wijze die macht te breken. Hij wilde de Republiek inlijven, vreesden de regenten.

De Staten-Generaal hadden het nieuwe bewind in Engeland erkend. Er was begrip geweest voor de opstandelingen die de koning hadden verjaagd, maar hem onthoofden ging te ver. De koningin-weduwe Henriëtta Maria was gevlucht naar haar dochter Mary, de jonge weduwe in Den Haag, waar zij omringd en getroost werd door honderden royalisten. De koningin was weer vertrokken, maar veel van haar aanhangers waren in Den Haag gebleven. Samen met de Oranjesupporters lieten deze Engelse ballingen Cromwells afgezanten duidelijk weten de strijd niet op te geven. Ze demonstreerden op straat en vielen de gezanten lastig. Tevergeefs vroeg Cromwell aan de Staten de raddraaiers en vrienden van de onthoofde koning voor berechting terug naar Engeland te sturen.

De gezanten vertrokken teleurgesteld en beledigd terug naar Engeland. Cromwell liet er geen gras over groeien en vaardigde een nieuwe wet uit, de Akte van Navigatie, die zoals al eerder was gepoogd, bepaalde dat goederen uit het buitenland alleen geïmporteerd mochten worden in Britse schepen of in schepen uit die landen waar de producten oorspronkelijk vandaan kwamen. De maatregel was gericht tegen de Hollanders. Zij beschikten over de grootste handelsvloot ter wereld, groter dan alle andere Europese landen bij elkaar.

De Engelsen wilden daar, puriteins of niet, een eind aan maken. Zij wensten geen vrijhandel en geen vrije zee, maar protectie. Om hun superioriteit te tonen eisten zij opnieuw dat buitenlandse schepen de vlag streken voor Britse oorlogsschepen. Hinderlijk, maar niet onoverkomelijk, want het bleek dat ook de Britse kooplieden niet zonder de Hollandse vrachtvaarders konden. De Republiek was de grootste afnemer van Britse wol, maar de Engelsen hadden onvoldoende schepen om al die wol te vervoeren. Ook in Engelse koloniën bleken Hollandse schepen onmisbaar om suiker en tabak naar Engeland te brengen. Bovendien waren de Hollanders goedkoper, efficiënter en hoefden ze geen hoge belastingen te betalen. De rentes op leningen bij de Bank van Amsterdam waren lager dan elders. Het gevolg was dat de Engelsen in hun frustratie steeds vaker Nederlandse schepen enterden en dreigden de lading in beslag te nemen.

Braaksel van de zee

De spanningen namen toe en in mei 1652 ging het mis. Bij het controleren van een Nederlands schip zou de vlag niet zijn gestreken. Nooit is helemaal duidelijk geworden wat er precies gebeurd is, maar er werd geschoten en gevochten. Maarten Tromp verloor twee schepen. Zowel Londen als Den Haag maande tot rust, maar het mocht niet baten. De stemming sloeg om. Twee maanden later was het oorlog (1652-1654), de eerste van de in totaal vier Engelse Zeeoorlogen.

Tromp kreeg de opdracht vanuit Den Haag de vijand zo veel mogelijk schade te berokkenen. De Engelse kranten stookten het vuurtje nog eens op en in de koffiehuizen lazen de Engelsen weer over de 'onbetrouwbare, perfide' Hollanders die 'afstamden van een paardendrol in een boterpot'.

De dichter Andrew Marvell, secretaris van Cromwell, schreef:

> Holland dat amper de naam verdient van land
> was alleen maar weggespoeld Engels zand…
> Dat onverteerbare braaksel van de zee
> viel de Hollanders terecht ten deel.

Reizigers wisten te melden dat geen land zo laag en zo dicht bij de hel lag als Holland. De duivel had Holland in zijn greep. Daartegenover beschuldigde de *Nederlandtsche nyp-tang* uit 1652 de Britannia

van haar geil en dartel spel
van meinedig vals bedriegen
van haar afkomst uit de hel.

In de Oostzee en de Middellandse Zee (Slag bij Livorno) hadden de almachtige Hollanders weinig last van de vijand, maar in de Noordzee vielen de Engelsen de haringvloot aan en blokkeerden ze de Hollandse kust. Dat kwam hard aan. De Republiek, zo bleek opnieuw, leefde van de handel, niet van het land. De schepen konden de havens niet bereiken en de kostbare ladingen uit Indië werden gekaapt, er ontstond angst voor werkloosheid en zelfs hongersnood. Geen graan en geen nieuwe haring, het volksvoedsel waar de Hollanders

De Slag bij Livorno op 14 maart 1653, gewonnen door Jan van Galen en vastgelegd door de zeeoorlogsschilder Willem van de Velde, die later bij de Engelsen in dienst trad.

moeilijk zonder konden. Volgens de verhalen moesten zij oude haring eten, waar ze ziek van werden.

Johan de Witt werd gekozen tot raadspensionaris van Holland en groeide uit tot machtigste politicus van het land. Hij wilde de handel beschermen en probeerde tot een vergelijk te komen. Tijdens die onderhandelingen over een staakt-het-vuren kwam de grote zeeheld Maarten Tromp om het leven, in de Slag van Ter Heijde. De Britten wonnen de Eerste Zeeoorlog en maakten meer dan honderdvijftig Hollandse schepen buit, waaronder de felbegeerde fluyten, de snelle Hollandse vrachtschepen waar de Engelsen zo jaloers op waren.

De oorlog had twee jaar geduurd en bij de Vrede van Westminster in 1654 bleken de Britten mild gestemd. Cromwell wenste de Republiek niet al te zeer te vernederen en zocht opnieuw toenadering. De Republiek zou weleens nodig kunnen zijn als bondgenoot tegen Frankrijk, waar Henriëtta Maria, de koningin-weduwe, na vertrek uit Den Haag haar toevlucht had gezocht bij haar jonge neef Lodewijk XIV.

Het vredesverdrag bleef opzettelijk vaag. Pas later werd bekend dat in een aparte Akte van Uitsluiting was bepaald dat een Oranjetelg, de vierjarige kleuter Willem, het prinsje met de rouwstrikjes in de wieg, geen stadhouder mocht worden en geen opperbevelhebber van leger en vloot. Het bleek dat Johan de Witt en Cromwell dit samen hadden bekokstoofd uit angst dat de Oranjes en de Stuarts zouden proberen weer aan de macht te komen.

Zo gek was die vrees niet. Henriëtta Maria verbleef dan wel aan het Franse hof, maar haar dochter Mary en haar kleinzoontje Willem woonden in Den Haag. Henriëtta Maria probeerde haar zoon Charles II, de koning in ballingschap in Frankrijk, ook met een Oranje te laten trouwen: Henriëtte Catherine, de jongste dochter van Amalia en de overleden stadhouder Frederik Hendrik. Het meisje was dolverliefd, maar deze keer wees Amalia het verzoek af. Henriëtte Catherine trouwde met een Duitser. Maar Charles' brieven heeft ze altijd zorgvuldig bewaard, en toen ze stierf nam ze de brieven mee in haar graf.

Schaakspel

Amalia, die als geen ander het dynastieke schaakspel beheerste, geloofde niet dat Charles II ooit nog op de troon zou komen. Bovendien had Charles al heel jong de naam een vrolijke rokkenjager te zijn. De oudste van zijn minstens vijftien bastaardkinderen werd in Rotterdam geboren en sleet zijn kleuterjaren in een chic bordeel in Schiedam. Dat onwettige kind, de latere hertog van Monmouth, wilde zijn vader Charles II opvolgen en bereidde in Holland, met steun van zijn neef Willem, een staatsgreep voor, die echter jammerlijk mislukte. Die Hollandse neef had een paar jaar later meer succes, hij werd wel koning van Engeland.

Maar zover zijn we nog niet – eerst moest Cromwell nog verdwijnen. Hij stierf in 1658, gehaat en verguisd, en twee jaar later werd de monarchie hersteld en kon Charles II in glorie terugkeren naar zijn land. Charles vertrok vanuit Scheveningen, waar hij met alle eer werd uitgeleid. De tien jaar oude prins Willem zat in de koets bij zijn oom op schoot; een mooier beeld van saamhorigheid konden de wuivende aanhangers van Oranje niet bedenken. De Staten hadden Charles een ravissant afscheidsdiner in het Mauritshuis aangeboden en hem overladen met geschenken, zoals een luxueus zeiljacht en een verzameling kostbare schilderijen van Titiaan tot Dou en Saenredam. De Engelsen spreken nog altijd van 'the Dutch Gift'. Enigszins overdreven was het wel, en Charles II toonde zich niet eens dankbaar.

Charles had, berooid als hij was, een grote lening van de

Afscheidsdiner van koning Charles II (rechts onder het baldakijn) in het Haagse Mauritshuis op 30 mei 1660. Na jaren van ballingschap keerde hij naar Engeland terug en kreeg als aandenken een grote collectie schilderijen mee: the Dutch Gift.

Staten-Generaal willen hebben, maar de regenten vonden dat ze hem al die jaren in ballingschap genoeg gesteund hadden. Hij had jaarlijks vorstelijke toelages ontvangen, maar hij bleef de regenten – en met name raadspensionaris Johan de Witt – ervan beschuldigen prins Willem, het zoontje van Charles' zus Mary, buitenspel te hebben gezet. Het jongetje zou immers, vastgelegd bij de Vrede van Westminster, geen stadhouder mogen worden.

Mary, de jonge weduwe, had zich ook niet geliefd gemaakt in Den Haag. Ze weigerde om ook maar een woord Nederlands te spreken, omdat zij zich daar als Engelse prinses te goed en te voornaam voor voelde. Mary wist niet hoe gauw ze haar broer de koning achterna kon reizen, vergat in de drukte zelfs haar zoontje mee naar Londen te nemen en werd ernstig ziek. Nog geen twee maanden terug in Londen stierf ze, net als haar man, aan waterpokken. Mary Stuart is in de Westminster Abbey begraven. Oma Amalia mocht haar kleinzoontje opvoeden, maar onder streng toeziend oog van Johan de Witt, de geniale raadspensionaris, die zelf de spreekwoordelijk eenvoudige Hollander bleef. Zonder bedienden ging hij te voet naar de markt en kookte toen zijn vrouw overleden was zelf zijn eigen potje. Hij liet zich niet omkopen, nam nooit geschenken aan.

De Witt diende het Hollands belang en dat belang was, heel simpel, de handel, de zeehandel. Daarom had de Republiek, meende hij, geen behoefte aan een sterk landleger, zoals de Oranjes ambieerden in hun verlangen naar een machtig rijk. Hij wilde een oorlogsvloot die de handelsvloot kon beschermen en waar de Britten ontzag voor hadden. Dat moest hij zwaar bezuren.

8. De duivel schijt Hollanders

1666

Na Cromwells duistere tirannie braken in Engeland nieuwe tijden aan. Koning Charles II, de *Merry Monarch*, gaf Londen weer geur en kleur. De kroegen en theaters gingen weer open, er klonk muziek in de kerken, wetenschappers verenigden zich in de Royal Society en de Hollander Peter Lely werd Charles' nieuwe hofschilder. Lely, die tot de adelstand werd verheven, portretteerde verscheidene liefjes van de koning, zoals Nell Gwyn, de sinaasappelverkoopster die ook nog eens een beroemd actrice werd en model stond voor *My Fair Lady*. Charles, die voor onze prins Maurits niet onder wilde doen, had zeker zeventien minnaressen en vijftien buitenechtelijke kinderen; hij zorgde goed voor hen en de meesten gaf hij een adellijke titel. Zijn huwelijk bleef helaas kinderloos en aan de Royal Society, waarvan de uitvinder van het slingeruurwerk Christiaan Huygens een van de eerste leden was, vroeg hij bezorgd om raad over het uitblijven van erecties.

Voor de puriteinen werd het leven een tranendal. Zij verloren hun baan, kwamen in de gevangenis en tientallen, zo niet honderden, vluchtten naar de Republiek, waar de barse predikanten juist wel meer macht en invloed kregen. Vanaf de kansel trokken zij in deze puriteinse golf ten strijde tegen zedeloosheid, toneel en paapse afgoderij. *Lucifer*, het treurspel van de katholieke dichter Joost van den Vondel, mocht na de eerste voorstellingen niet meer worden opgevoerd en de Amsterdamse burgemeester en arts Nicolaas Tulp, beroemd van Rembrandts *Anatomische les*, ging in zijn afkeer van het papisme zover dat hij de verkoop van de jaarlijkse Sinterklaas-speculaaspoppen verbood. De goedheiligman was een roomse bisschop en dus verwerpelijk. Ouders en kinderen kwamen in verzet, het besluit werd herroepen. Amsterdam, schreef Geert Mak in *Een kleine geschiedenis van Amsterdam*, bleef een handelsstad, 'slechts één geloof was er geldend: dat van de negotie'.

In Londen keken de kooplieden jaloers en knarsetandend toe. Of Engeland nu door de puritein Cromwell of koning Charles werd geregeerd, de afgunst bleef. De Hollanders hadden nu ook al het monopolie op de slavenhandel; en zonder slaven was er geen toekomst voor de suiker- en tabaksplantages.

Nieuw-Amsterdam

Onder zware druk van beleggers en handelaren besloot het Engelse parlement een vloot van honderdvijftig oorlogsschepen te bouwen om de Hollanders, die onder raadspensionaris Johan de Witt niet stil hadden gezeten, het leven zuur te maken. In 1664 bezetten de Britten zonder slag of stoot de Hollandse nederzetting Nieuw-Amsterdam op het eiland Manhattan in Amerika. Gouverneur Peter Stuyvesant gaf zich over, Nieuw-Amsterdam werd New York; ter ere van de Britse admiraal, de hertog van York, de latere koning James II, die door zijn Hollandse schoonzoon van de troon zou worden gestoten.

Opgeschrikt door de Engelse agressie werd Michiel de Ruyter naar West-Afrika gestuurd om de slavenposten te heroveren die de Britten hadden bezet. Hollandse kranten wisten te melden dat de Britten de daar aanwezige Hollanders gevangen hadden genomen en op het vuur hadden geroosterd; oren, neus en andere ledematen waren afgehakt. De Ruyter deed wat van hem verwacht werd. Hij verdreef de Britse vloot en zag op de handelspost Goeree zijn oude Afrikaanse vriend Jan Compagnie, die Michiel nog als jongetje in Vlissingen had ontmoet; een vredig tafereeltje dat bewees hoe vriendschappelijk de Hollanders en de Afrikanen met elkaar omgingen.

Een echte, officiële oorlog was het nog niet, het bleef voorlopig bij schermutselingen. Tussen Londen en Den Haag werd druk overleg gepleegd, de Engelse koning bleef aarzelen, maar de Staten-Generaal hadden weinig vertrouwen in een goede afloop. Zij hadden grote problemen met de Engelse ambassadeur George Downing, een alom gevreesd heerschap dat Holland en de Hollanders vanuit de grond van zijn hart verafschuwde. Ten tijde van Cromwell was Downing voor het eerst als ambassadeur naar Den Haag gestuurd, en toen de monarchie werd hersteld wist de sluwe vos koning Charles zo te bewerken dat hij opnieuw benoemd werd. Downing beschikte over een netwerk van verklikkers en spionnen. Om zijn trouw aan de koning te bewijzen liet hij vier van zijn vroegere puriteinse vrienden die naar de Republiek gevlucht waren, ontvoeren naar Engeland. Daar werden ze ter dood veroordeeld en gevierendeeld.

Scrupules kende Downing niet. Hij was uit op een nieuwe oorlog die de Republiek voor eens en altijd zou vernietigen. Hij kocht regenten om, organiseerde opstootjes en protesten van Oranjeaanhangers tegen raadspensionaris De Witt en gaf Londen met opzet valse informatie. Downing werd het land uitgezet, verdiende daarna veel geld als projectontwikkelaar en kocht onder andere huizen in een klein straatje in Londen dat zijn naam kreeg: Downing Street. De

Downing Street, vernoemd naar George Downing, die als Brits ambassadeur in Den Haag met vuilspuiterij, omkoperijen en ontvoeringen de Republiek probeerde te ondermijnen.

dagboekschrijver Samuel Pepys noemde Downing een 'trouweloze schoft'.

De vrede was niet te handhaven. In het voorjaar van 1665 verklaarde Engeland de Republiek de oorlog. Bij de Spaanse havenstad Cádiz overvielen de Engelsen een Nederlandse handelsvloot en in juni, toen de Hollanders wilden terugslaan, ging het weer mis. In de Slag bij Lowestoft, aan de Engelse oostkust ten noorden van Londen, bleek de Engelse vloot te sterk. Vlootadmiraal Jacob van Wassenaar Obdam sneuvelde toen zijn schip De Eendragt met bijna de gehele bemanning van 409 man de lucht in vloog, zoals de beroemde zeeschilder Willem van de Velde vastlegde.

Als 'oorlogsverslaggever' voer Van de Velde in een klein zeilbootje tussen de oorlogsschepen, gebroken masten, brandende wrakken, kruitdampen, doden en gewonden door. Tijdens de gevechten maakte de schilder krabbels en schetsen. Zeven jaar later, in het Rampjaar 1672, emigreerde Van de Velde met zijn gezin naar Engeland, waar hij ogenblikkelijk opdrachten kreeg van koning Charles, zijn voormalige vijand. Samen met zijn zoon Willem junior maakte hij aan de hand van de schetsen de grote schilderijen en tekeningen van de Slag bij Lowestoft, die voor de Hollanders zo jammerlijk afliep.

De pest

Veel plezier van de zege van Lowestoft hadden de Engelsen niet. In datzelfde jaar 1665 brak in Londen de pest uit, die het leven van zeker honderdduizend inwoners eiste. *De Utrechtsche Courant* schreef: 'Het Engelse volk is nu zo zwaar getroffen door de pest dat het met één vinger kan worden uitgeschakeld.'

Michiel de Ruyter greep zijn kans en in juni 1666 zegevierde hij in de Vierdaagse Zeeslag aan de monding van de Thames. Heel Holland jubelde, dichters prezen de admiraals en er werden herdenkingsmunten geslagen, maar een maand later ging het bij Duinkerken weer faliekant fout. De Hollanders werden op de vlucht gejaagd en een woedende Michiel de Ruyter verbood Cornelis Tromp, de zoon van Maarten Tromp, 'nog een voet' op het vlaggenschip De Zeven Provinciën te zetten. Bovendien beschuldigde hij Tromp ervan een Oranjesupporter te zijn en de Britse koning heimelijk te steunen.

Bij een verrassingsaanval in augustus vernietigden de Engelsen bij Vlieland honderdvijftig koopvaardijschepen. Ze plunderden pakhuizen en brandden het dorp West-Terschelling plat. Er vielen tweeduizend slachtoffers. De Beurs van Amsterdam bleef drie dagen dicht en oproerkraaiers probeerden de woning van Michiel de Ruyter in Amsterdam in brand te steken. Twee weken later stond Londen in vuur en vlam. Bij de Grote Brand gingen dertienduizend woningen in vlammen op, ook de St Paul's Cathedral en verscheidene kerken gingen verloren. Het gerucht ging dat de Hollanders uit wraak de Grote Brand hadden veroorzaakt. Anderen spraken over een straf van God. De brand bleek te zijn ontstaan bij een bakker in Pudding Lane, bij de London Bridge.

Royal Charles

De pest, de brand en de oorlog kostten zoveel geld dat het voor de Britten onmogelijk werd om ook nog nieuwe oorlogsschepen te bouwen en gehavende schepen te herstellen. Het parlement, dat Charles' financiële en erotische uitspattingen niet los kon zien van alle onheil, weigerde nieuwe fondsen aan te boren. Er zat niets anders op dan de oorlog zo snel mogelijk te beëindigen.

De vredesonderhandelingen verliepen stroef. Johan de Witt wilde geen concessies doen en toen Charles bleef treuzelen, gaf Cornelis de Witt, die namens de Staten-Generaal de leiding van de expeditie had, aan Michiel de Ruyter de opdracht de Engelse vloot aan te vallen die voor anker lag bij Chatham aan de Medway, de rivier die uitmondde in de Thames. Kapitein Jan van Brakel brak met zijn schip de ketting die over de Medway was gespannen en de Hollanders vernielden en verbrandden alle schepen die ze tegenkwamen. Het Engelse vlaggenschip Royal Charles werd als trofee mee naar Holland genomen. De glorieuze achterspiegelversiering hangt nog altijd triomfantelijk in het Rijksmuseum.

In Londen brak, na de pest, na de brand, opnieuw paniek uit. De vrees was dat De Ruyter de Thames zou opvaren en de Tower zou bezetten. De koning was zoek. Hij bleek zich te vermaken met een liefje. Duizenden Londenaren vluchtten de stad uit en Samuel Pepys hoorde iemand in wanhoop uitroepen: 'De duivel schijt Hollanders.' De vermogende Pepys vroeg zijn vrouw en zijn vader om zijn kapitaal, gouden munten ter waarde van omgerekend ruim honderdduizend euro, in de provincie veilig te stellen. Tot zijn schrik ontdekte Pepys dat zijn vader het geld op zondagochtend, toen iedereen naar de kerk liep, in de tuin van zijn huis begraven had. Iedere voorbijganger had het kunnen zien.

Keurig gedragen

De publieke opinie in Engeland keerde zich deze keer niet tegen de Hollanders, maar tegen de eigen leiders. 'Dus,' schreef Pepys, 'in alle opzichten, wijsheid, moed, kracht, kennis van onze wateren, en succes zijn de Hollanders beter dan wij, en zij beëindigen de oorlog met de overwinning aan hun zij.' De Hollanders hadden zich tegenover de burgers keurig gedragen. Ze hadden hun huizen niet geplunderd omdat de zeelieden hun gage keurig uitbetaald kregen, in tegenstelling tot de Engelse manschappen die eindeloos op hun geld moesten wachten. Misschien was dat volgens Pepys ook de reden dat er zoveel Engelse zeelieden op Hollandse schepen zaten, ook op de tocht naar Chatham.

Bij de Vrede van Breda in 1667 wilde De Witt niet onnodig zout in de wonden strooien. Eisen werden niet of nauwelijks gesteld. De Engelsen mochten New York houden en de Republiek was dik tevreden met de suikerplantage Suriname.

De Witt vreesde dat Lodewijk XIV de Republiek wilde veroveren. Daarom had de Republiek alsnog de steun van Engeland nodig. Nog geen twee jaar na het debacle van de Medway sloten Engeland, de Republiek van de Zeven Provinciën en Zweden een alliantie waarin ze Frankrijk beleefd maar dringend verzochten vrede met Spanje te sluiten, en dus af te zien van verdere veroveringen in onder andere de Spaanse Nederlanden, het huidige België. Koningen, en ook de Oranjes, mochten oorlogen dan als eervol wapen zien om geschillen te beslechten en hun macht te vergroten, De Witt zette in op handel en neutraliteit. Hij hoopte de vrede met Frankrijk te kunnen bewaren, maar beloofde koning Charles II wel stiekem dat als het nodig mocht blijken, de Republiek bereid was samen met Engeland Frankrijk binnen te vallen. Charles verklapte dit geheim aan zijn neef Lodewijk en twee jaar later, in 1670, besloten de twee neven in Dover – ook weer in het geheim – samen de Republiek te vernietigen. Lodewijk beloofde Charles geld en zelfs een pensioen, en Charles beloofde als dank 'op het juiste moment' katholiek te worden. Willem ging nietsvermoedend naar Londen. Hij was nu achttien jaar en volwassen. Hij vroeg de altijd berooide oom Charles de leningen af te lossen die de Oranjes uit eigen zak de Stuarts geschonken hadden in de strijd tegen Cromwell. Maar koning Charles hield zich van de domme. Tegen Lodewijk zei hij dat Willem een 'echte Hollandse protestant was'. Van zo'n protestant was niets te verwachten.

Weer twee jaar later, in het Rampjaar 1672, vielen Frankrijk en Engeland, gesteund door de bisschop van Münster, de Republiek binnen. 'Het volk was redeloos, de regering radeloos en het land reddeloos.' En tegen alle regels en afspraken in werd de eenentwintigjarige prins Willem van Oranje stadhouder en opperbevelhebber van leger en vloot voor de hele Republiek. De gebroeders Johan en Cornelis de Witt werden opgehangen en in stukken gehakt. Willem liet het allemaal gebeuren, het volk moest nu eenmaal zijn woede koelen. Het zuiverde de lucht. De moord op de gebroeders De Witt was het louterend zoenoffer dat de Republiek moest redden.

9. De ontdekking van het Rampjaar

1672

Bezem

De Republiek wist het Rampjaar te overleven en in Engeland gonsde het van de verhalen over 'een tweeëntwintigjarige Hollandse protestantse held, Willem van Oranje, die de dijken had doorgestoken om de Fransen tegen te houden en gezworen had zich te zullen doodvechten tot in de laatste greppel'.

Zou deze Hollandse protestantse held de redder van Engeland kunnen zijn? Michiel de Ruyter had met zijn gevreesde bezem aan de mast de Noordzee schoongeveegd, de Engelse vloot was op de vlucht geslagen en soms leek het wel of koning Charles de enige overgebleven Brit was die samen met de Zonnekoning de Republiek wilde vernietigen. Was het, dachten veel Engelsen, niet veel slimmer om in plaats van de Hollanders te bestoken, hen te volgen, en hen na te doen?

Het geheim van Holland, schreef een Engelse koopman, was de Amsterdamsche Wisselbank. Deze stadsbank was betrouwbaar, was niet uit op winstbejag, berekende lage rentes en belegde op een veilige manier. Dat vertrouwen schiep rust, vrede en welvaart in het land. Anderen wezen op de tolerantie en de gewetensvrijheid. Er woedde geen burgeroorlog zoals in Engeland. De Engelsen prezen de Hollandse werklust, het goede onderwijs voor zowel jongens als meisjes, de armen- en ziekenzorg, de aandacht voor kunst, wetenschap en techniek, de brandschone huizen die ziektes tegengingen. Die modderpoel aan zee was een klein paradijs, waar de Engelsen veel van zouden kunnen leren.

Maar koning Charles keek liever naar zijn rijke neef in Versailles. Om hem te vleien had hij de katholieken en de dissidente protestanten die de anglicaanse kerk beschuldigden van ketterij, voorbeeldig vrijheid van godsdienst gegeven. Net zoals in de tolerante Republiek, zou je zeggen – maar zo lag het niet. Het was zijn manier om Lodewijk te plezieren en weer wat geld van hem los te peuteren. Voor Charles, de opportunist, was geloof vooral een politiek wapen, geen innerlijke overtuiging zoals bij zijn broer James, de hertog van York, die overtuigd katholiek was geworden.

De anglicanen vermoedden dat Charles langs slinkse weg de katholieken aan de macht wilde brengen en kwamen in verzet. Ze dwongen de koning een wet te tekenen die het katholieken en dissidenten verbood om openbare functies te bekleden. Vrijheid van godsdienst was mooi, maar ze wilden geen katholieke rechters, bestuurders en generaals. Na het tekenen van de wet nam Charles' broer James, de hertog van York, ontslag als admiraal van de vloot. Hij, de man die Nieuw-Amsterdam had veroverd op de Hollanders en deze handelsplaats herdoopt had tot New York, werd ambteloos burger. Voor scherpslijpers was dat niet genoeg. Zij wilden meer en eisten dat de katholieke James zou worden uitgesloten van het koningschap. Charles hield zijn poot stijf, weigerde zijn broer te onterven, maar er was hoe dan ook een serieus probleem.

Charles had dan wel een regiment kinderen verwekt, ze bleven bastaards. Als hij stierf zou James op de troon komen. Charles was maar drie jaar ouder dan zijn broer en daarom ging de aandacht uit naar diens wettige kinderen. James had geen zoon, maar wel twee dochtertjes, Mary en Anne, die 'gelukkig' door hun moeder anglicaans werden opgevoed. Zeker Mary, de oudste dochter, mocht niet aan een katholiek prinsje worden uitgehuwelijkt, zoals door vader James, oom Charles en Lodewijk al was bekokstoofd. Het werd noodzakelijk een protestantse echtgenoot te zoeken. Zo kwamen Charles' raadgevers terecht bij de Hollandse protestantse held, stadhouder Willem III. Hij was een prins van Oranje, maar ook een prins van Engeland; zijn jonggestorven moeder, die ook Mary heette, was immers de oudste dochter van de onthoofde koning Charles I; zij was de zus van Charles II en James. Een huwelijk van Willem en Mary zou keurig binnen de familie blijven, een huwelijk tussen neef en nicht.

Willem had natuurlijk ook allang bedacht dat hij door een huwelijk met Mary dichter bij de Engelse troon zou komen en zij misschien wel koningin zou worden. Na James was Mary de eerste in lijn van opvolging. James was dan wel na de dood van haar moeder hertrouwd met de katholieke Italiaanse Maria van Modena, maar zij kreeg, helaas of goddank, alleen maar miskramen. De kans dat zij een zoon zou baren was te verwaarlozen.

Oom Charles, Willems voormalige voogd, was niet enthousiast over het huwelijksvoorstel. Hij mocht zijn Hollandse neefje niet, vond hem te eigenwijs en te lastig; en wat waren het voor parvenu's, die prinsen van Oranje? Willem op zijn beurt kon zijn oom moeilijk vergeven de Republiek de oorlog te hebben verklaard, ook al had Charles hem geschreven dat het niet persoonlijk was bedoeld. Willem vertrouwde hem niet, verachtte diens geldverkwistend en losbandig leven en vooral zijn afhankelijkheid van de Zonnekoning Lodewijk XIV.

Toch begreep koning Charles dat het ter wille van de binnenlandse rust beter was in te stemmen met het huwelijk. Zijn afgezanten reisden naar Den Haag en deden alsof tegenstribbelen niet mogelijk was. Maar Willem dacht daar anders over. Hij had een eigen wil, zoals hij in het Rampjaar had bewezen. Hij zou het Hollands belang blijven behartigen, altijd laten prevaleren, dat moesten de heren goed begrijpen. Dat verzekerde hij ook de Hollandse regenten, die vreesden dat het huwelijk met een Engelse kroonprinses weleens het begin van het einde van de Republiek kon betekenen. Een stille inlijving, de unie, dat moest ten koste van alles voorkomen worden. Willem zag het totaal anders. Hij wilde de regenten ervan overtuigen dat het huwelijk een wig zou drijven tussen Frankrijk en Engeland, en de Republiek daardoor niet meer in haar bestaan zou worden bedreigd. Niet om dynastieke redenen, of om de Oranjes meer aanzien te geven, maar om het vaderland te redden was het wenselijk met de Engelse prinses te trouwen.

Willem besefte dat het niet zo eenvoudig zou worden. Afgezien van de politieke onzekerheden en risico's had hij ook aarzelingen van persoonlijke aard. Aan Lady Temple, de vrouw van de Engelse ambassadeur in Den Haag, Sir William Temple, met wie hij goed bevriend was, vroeg Willem of hij wel een geschikte echtgenoot was, 'omdat het voor een vrouw misschien niet erg makkelijk zou zijn om met hem te leven'.

Willem was in hoge mate geïnteresseerd in oorlog, politiek en jagen, maar hij was geen *ladies man*, zoals Lady Temple schreef. Willem voelde zich meer tot mannen dan tot vrouwen aangetrokken. Nog altijd vraagt men zich af of

Willem homoseksueel was. De beroemde Engelse historicus Jonathan Israel vertelde mij eens toen ik hem interviewde dat het begrip homoseksualiteit in die tijd niet bestond en dat aan de Europese hoven met hun gearrangeerde huwelijken en buitenechtelijke relaties over het algemeen ook verhoudingen tussen mannen werden aanvaard, zolang het maar rustig bleef. Gemeten naar hedendaagse maatstaven had Engeland verscheidene homoseksuele koningen gehad, van wie Richard II de bekendste is. Maar als een koning of hoveling uit de gratie viel, dan was homoseksualiteit de stok die de hond moest slaan, dan stonden de kranten vol spot en venijn, dan kwamen de intriges en kwade vooroordelen.

Gebocheld

James had weinig in te brengen, en toen zijn dochter Mary hoorde dat ze over twee weken met haar neef Willem moest trouwen, heeft het meisje de hele middag en de volgende dag gehuild. Zij was vijftien jaar, haar aanstaande man zevenentwintig. Mary was een mooie, blijmoedige prinses, die heel wat narigheid had moeten overwinnen. Haar moeder was overleden toen Mary negen was. Het huwelijk van haar ouders was uitgesproken slecht, haar moeder was serieus en betrokken, haar vader James was net als zijn broer een onverbeterlijke rokkenjager. Charles sloeg louter schoonheden aan de haak, maar James stelde zich, om onbegrijpelijke redenen, tevreden met de ene lelijkerd na de andere, zodat het gerucht ging dat als James als goed katholiek zijn zonden kwam biechten, zijn biechtvader hem als penitentie, als boetedoening, opdroeg zijn lusten te botvieren op de meest onooglijke prostituees van het land.

De ernstige Willem zag er de grap niet van in. Hij was zelf ook geen schoonheid. Mary schrok toen zij haar toekomstige echtgenoot zag: klein, mager, gebocheld, met een haviksneus en astmatisch. Zij was een kop groter, spontaan, gezellig en aanhankelijk. Van Willem ging weinig warmte uit. Koning Lodewijk schrok toen hij over het huwelijk hoorde en schreef in een brief aan James: 'Hoe heeft u uw dochter kunnen weggeven aan mijn grootste vijand?'

Het huwelijk vond in Londen plaats op Willems verjaardag, op 4 november 1677. Het was geen feest in het St James's Palace, de woning van James, de hertog van York. Er heerste een bedrukte stemming, de tienerbruid huilde, de bruidegom wist zich geen houding te geven, haar vader was boos en alleen koning Charles maakte grappen en grimassen. Toen het bruidspaar te bed werd gelegd in aanwezigheid van de rijksgetuigen en het gordijn rond het bruidsbed werd dichtgetrokken, moedigde James zijn schoonzoon aan met: 'Doe je best, neef.'

Nog diezelfde maand vertrok het jonge echtpaar naar Holland. De overtocht op de woeste golven viel niet mee. Het stormde, hagelde en het was bitterkoud. Bij aankomst in Rotterdam liet het rijtuig op zich wachten vanwege de dikke sneeuw en de gladde wegen.

Mary was bang, voelde zich alleen, maar herstelde zich wonderbaarlijk snel. Ze was een sterke, opgewekte tienerprinses. Later zou ze schrijven dat haar jaren in Holland de gelukkigste van haar leven waren geweest. Ze maakte gemakkelijk vrienden, hield van wandelen, toneelspelen, handwerken en sprak al gauw een aardig woordje Nederlands. In tegenstelling tot haar tante en schoonmoeder was ze alom geliefd: ze bleef zo gewoon, de eigenschap die het in Holland altijd weer goed doet.

Na een of twee miskramen kreeg Mary te horen dat ze kinderloos zou blijven. Dit verdriet kon ze niet met haar gesloten echtgenoot bespreken. Willem was veel op veldtocht met het leger, en haar vader vond het nodig om haar te vertellen dat Willem een verhouding had met haar hofdame, Elizabeth Villiers. Zij was een nicht van de legendarische Barbara Villiers, een van de favoriete minnaressen van koning Charles en andere heren van stand. Mary was ontzet en zou tijdens een verblijf op haar geliefde Paleis het Loo 's nachts naar de slaapvertrekken van Elizabeth geslopen zijn. Daar zag zij haar man uit de kamer van de hofdame komen. Willem ontkende overspel; historici blijven verdeeld, maar ze lijken meer geneigd te geloven dat het inderdaad een platonische vriendschap was. Elizabeth was ouder, meer leeftijdgenoot dan de jeugdige Mary. Na de eerste moeilijke jaren bloeide het huwelijk van Willem en Mary op tot warme liefde en innige vriendschap. Ze hadden het goed samen.

Popish Plot

Ondertussen was Londen een halfjaar na het huwelijk opgeschrikt door een bizarre oplichter en fantast. Het hele land raakte in rep en roer over nepnieuws, dat de geschiedenis in ging als *the Popish Plot*, de paapse samenzwering. De negenentwintigjarige Titus Oates, een psychopaat die wegens sodomie in het gevang had gezeten, van dure jezuïetencolleges was afgetrapt en onder valse voorwendselen tot priester was gewijd, beweerde vele bewijzen te hebben van een katholieke samenzwering tegen de anglicaanse koning Charles. Hij zou vermoord worden, Londen zou worden platgebrand en iedere Brit zou op straffe des doods katholiek moeten worden. Engeland zou, zoals in 1066 door Willem de Veroveraar, nu veroverd worden door Lodewijk XIV.

Dit was totale onzin, maar Oates werd geloofd en wist zelfs door te dringen tot de koning. Tijdens een ochtendwandeling door het park kon Oates hem een brief overhandigen met alle dreigingen en voorspellingen. De koning geloofde hem, en om iedere twijfel weg te nemen zwoer Oates onder ede voor een rechter de waarheid, en niets dan de waarheid te spreken. Maar kort daarop werd de rechter dood aangetroffen. Het was vermoedelijk zelfmoord geweest, maar er ontstond zo'n hysterische situatie in het land dat er vijfendertig priesters ter dood werden veroordeeld. Katholieken werden belaagd en Nell Gwyn, het liefje van de koning, werd uit haar rijtuig gesleurd omdat het volk dacht dat alle minnaressen van de koning katholiek waren en macht over hem hadden. Een hoveling zei eens schertsend over hun invloed op de koning: 'Zijn penis is even lang als zijn scepter. Als zij speelt met de één zwaait ze met de ander.'

Nell, de gevierde actrice, zou ook in het paaps complot zitten. Verschrikt keek ze rond, zag de woedende massa, verhief haar stem en riep: '*I am the protestant whore*', 'Ik ben de protestantse hoer'. Zij kon haar tocht vervolgen.

Langzamerhand keerde de rust terug, maar de druk op Charles om de paap James van het koningschap uit te sluiten nam alleen maar toe. Op zoek naar een oplossing probeerden slimme juristen Charles zover te krijgen dat hij zijn oudste bastaardzoon, de eerdergenoemde hertog van Monmouth, als wettige zoon zou erkennen. De koning zou moeten toegeven, zo was de redenatie, dat hij indertijd stiekem in Holland was getrouwd met Monmouths moeder. De hertog was geboren in Rotterdam tijdens Charles' ballingschap. Maar de koning weigerde het spel mee te spelen en Monmouth, die in het Hollandse leger zijn militaire opleiding had gekregen, vond het veiliger om naar Holland, zijn geboorteland te vluchten. Willem en Mary ontvingen de hertog quasihartelijk met feesten en banketten te zijner ere. Ze waren neef en nicht, maar ook rivalen; als Monmouth koning werd, was Mary's kans verkeken.

De Whigs

De opvolgingskwestie werd zo belangrijk dat in het parlement van Westminster voor het eerst in zijn geschiedenis twee groeperingen ontstonden, de Tories en de Whigs. Het waren scheldnamen die veranderden in geuzennamen. Tory komt van het Ierse *tóraidh*, plunderaar; Whig van het Schotse woord *whiggamor*, veedief.

De conservatieve Tories aanvaardden het absolute, goddelijke recht van de koning; zij steunden hem door dik en dun. De Whigs wensten de macht naar het parlement te verleggen. Zij wilden een vorst die protestant was en door het volk werd gesteund; een pril begin van volkssoevereiniteit. De Whigs waren voornamelijk stedelijke kooplieden die met bewondering naar de Republiek keken en nauwe contacten met Willem ontwikkelden. Deze vooruitstrevende fractie, die later zou uitgroeien tot de liberale partij, werd sterker dan die van de Tories, die vooral de landadel vertegenwoordigden.

Toen de Whigs zowaar de meerderheid vormden, besloot Charles het parlement naar huis te sturen, een recht dat de koning nog niet was afgenomen. Dat betekende echter wel dat hij geen geld van het parlement meer kreeg toegewezen. Zijn hofhouding vreesde dat de koning zou moeten bezuinigen en de onrust onder zijn minnaressen werd zo groot dat zij een soort vakbond vormden – de vrouwen aan het hof vormden de eerste vakbond in Engeland, is wel gezegd. De vrouwen eisten na bewezen diensten een goed pensioen. Het pleit voor Charles dat hij naar hen luisterde, hun kinderen verhief hij vrijwel allemaal tot de adelstand en voor de minnaressen trof hij keurige voorzieningen. Zijn laatste woorden voor hij stierf zouden zelfs geweest zijn: 'Zorg goed voor mijn lieve Nell.' Samen met de koningin zat zij, de 'protestantse hoer', aan zijn sterfbed.

Koning Charles II overleed op vierenvijftigjarige leeftijd, en aangenomen wordt dat hij vlak voor zijn dood toch nog zoals beloofd katholiek is geworden. De felomstreden James werd de nieuwe koning – 'slechts voor korte duur', had Charles goed voorspeld. Hij ging onhandig van start en joeg zijn vijanden ogenblikkelijk in het harnas. Meteen na zijn kroning benoemde hij katholieken tot rechter en bevorderde hij katholieke Ieren tot generaal in het leger. De toch al innige banden met Lodewijk XIV haalde hij nog eens extra aan.

Voor de hertog van Monmouth was de maat vol. Hij besloot zijn oom van de troon te stoten. Met toestemming van Willem vertrok hij uit Amsterdam met drie schepen en vijfentachtig man, maar het was een onbezonnen daad. Het volk kwam niet in opstand tegen zijn koning. Koning James verweet zijn schoonzoon de invasie van Monmouth mogelijk te hebben gemaakt. Om Willem te straffen beval hij de Engelse brigade, dienend in het Staatse leger, naar huis te komen om te helpen de opstandige bastaard te verslaan. De meeste Engelse soldaten bleven echter liever in Nederland. Ze waren ook niet echt nodig: Monmouths legertje werd snel in de pan gehakt en hijzelf kwam gruwelijk aan zijn einde.

Beddenpan

Willem was geschokt door de wrede dood van zijn neef, maar hij was ook opgelucht. Niet Monmouth, maar Mary zou James als koning opvolgen. En toen kwam als donderslag bij heldere hemel het schokkende nieuws dat de koningin, James' tweede echtgenote, Maria van Modena, in verwachting was. Als het een jongetje zou zijn, zou hij de kroonprins worden en vervlogen Willems en Mary's dromen in de wind.

Een katholieke kroonprins! Het Engelse koningshuis zou weer katholiek worden!

Weinigen schenen het heugelijke nieuws te willen en kunnen geloven. Kranten schreven dat het na alle miskramen ongetwijfeld een verzinsel was. De koningin kreeg niet eens een dikke buik.

Het kind werd op 10 juni 1688 geboren. En inderdaad, het was een jongetje dat werd vernoemd naar zijn vader, James. Vreugde bij de katholieken, maar schok, ongeloof en twijfel bij de protestanten. Ogenblikkelijk ging het gerucht dat de baby een ondergeschoven kind was en in een beddenpan de slaapkamer van de koningin was binnengesmokkeld. Mary en haar zus Anne waren ervan overtuigd dat het doorgestoken kaart was. Ze wisten zeker dat ze geen nieuw broertje hadden gekregen; de hofarts had het hun zelf geschreven. Wat Willem ervan dacht is onduidelijk. Hij feliciteerde zijn schoonvader met de geboorte van zijn zoon, maar er was voor hem geen twijfel meer mogelijk: hij moest hoe dan ook snel handelen.

Een maand na de bevalling kwamen zes edelen en één bisschop, de Onsterfelijke Zeven genoemd, namens de Whigs naar Den Haag om Willem aan te sporen zo gauw mogelijk naar Engeland te komen om orde op zaken te stellen. Het roomse knaapje, later bekend als de Old Pretender, zou nooit op de troon mogen komen. In een brief die de Zeven stadhouder Willem overhandigden stond dat negentien van de twintig Engelsen een nieuwe koning verlangden. Vermoedelijk was de brief niet door hen zelf maar door Willems raadgever en intieme vriend Hans Willem Bentinck geschreven.

Orde op zaken stellen. Willem beschouwde een invasie als enige mogelijkheid. Ten koste van alles moest voorkomen worden dat James Lodewijk XIV te hulp zou roepen en zij samen korte metten zouden maken met de voorspoedige, maar uiterst kwetsbare Republiek, die zwaar te lijden had onder een handelsoorlog waarmee Lodewijk haar bestookte. Hij verbood de invoer van koloniale waren, haring, groen-

Een duivelse biechtvader maant koningin Maria van Modena het volk met de baby van de beddenpan in slaap te wiegen.

te, Delfts blauw en laken uit Leiden. Tientallen Hollandse schepen die wijn kwamen halen, werden in Franse havens in beslag genomen. Het is vreemd maar waar: uiteindelijk forceerde Lodewijk Willem tot een staatsgreep in Engeland.

Het ging Willem niet om roem, eer of blinde ambitie. Hij was niet uit op het koningschap. Zijn enige doel was Lodewijk XIV bedwingen, en daar moest James, Lodewijks schoothond, voor boeten. Godsdienst was ongetwijfeld heel belangrijk, maar het bleek ook een prachtig excuus.

Stadhouder Willem III was wonderbaarlijk goed voorbereid. Hij had veel van Monmouths falen geleerd. Zonder grote aanvalsvloot en zonder de steun van het Engelse volk en het Engelse leger zou het niet lukken. De Staten-Generaal schonken hem na veel overreden hun vertrouwen. Ze gaven geld en soldaten. Ook de Duitse vorsten geloofden in deze 'Europese coalitie', zij stelden militairen beschikbaar en tastten diep in de buidel. Ten slotte gingen ook de Staten van Holland en het lastige Amsterdam overstag. Zij hadden zich lang verzet tegen weer een nieuw Oranje-avontuur.

Willem wist wat propaganda was. Voor alle partijen had hij een goede boodschap. Hij zou niet als veroveraar naar Engeland gaan, maar als de verdediger van de protestantse en Europese vrijheden. De angst voor de expansiedriften van Lodewijk XIV was zo groot dat de protestant Willem zelfs de zegen en financiële hulp ontving van de paus van Rome. De in Amsterdam geboren Joodse bankier Francisco Lopes Suasso leende hem een bedrag dat nu ongeveer 20 miljoen euro zou zijn met de mededeling: 'Indien Gij gelukkig zijt, weet ik, zult u mij ze teruggeven, zijt gij ongelukkig dan stem ik er mee in het geleende geld verloren te hebben.' Suasso had er alle vertrouwen in. Europa hield zijn adem in.

10. De wonderbaarlijke invasie

1688

Drukpers

Iedereen wist dat het ging gebeuren, maar wat er ging gebeuren wist niemand. Gezanten, diplomaten, regenten, spionnen, verklikkers en kranten uit heel Europa speculeerden erop los. Pas in oktober gaf Willem een verklaring. Hij bevestigde dat hij op verzoek van de Engelsen gewapend naar Engeland zou gaan om het land te bevrijden van de kwade geesten die de koning ertoe hadden gebracht wetten te negeren en rampzalige besluiten te nemen. Nee, de koning zelf, zijn schoonvader, trof geen enkele blaam, het waren de perfide hovelingen. Die hadden zelfs beweerd dat er een kroonprins was geboren. Die leugen konden zijn vrouw Mary en hij niet accepteren. Willem bedoelde te zeggen dat het verhaal van het kind in de beddenpan hem tot actie gedwongen had.

De operatie was tot in alle details voorbereid. Willem hield niet van halve maatregelen. Zijn oorlogsvloot was zeker drie keer zo groot als de beruchte Spaanse Armada van een eeuw geleden en verreweg de grootste en meest imposante operatie die de Republiek ooit op zee heeft ondernomen: vijfhonderd schepen, merendeels gecharterde vrachtschepen, begeleid door ruim vijftig oorlogsschepen en branders. Voor de legerleiding was er het keukenschip, de Gebraeden Haen.

Over het aantal manschappen zijn de historici het nog

steeds niet eens. Lange tijd, gelooft men nu, is het aantal te laag geschat, omdat de verschillende partijen met opzet verkeerde cijfers hadden gegeven. Volgens recente gegevens van de historicus Jonathan Israel, schrijver van het standaardwerk *De Republiek*, ging het om een leger van minimaal eenentwintigduizend Hollanders, Duitsers, Britten, Franse hugenoten, Zweden, Zwitsers, Laplanders en – verrassend – tweehonderd slaven of voormalige slaven afkomstig van de suikerplantages in Suriname. Verder gingen er vijfduizend paarden mee, compleet met hoefsmeden, reservezadels en -sporen die in ijltempo vanuit alle delen van het land geleverd waren. Historici blijven zich verbazen over de omvang en precisie van de onderneming, alles even efficiënt en precies uitgedokterd. De wagens en karren, de proviand, het hooi voor de paarden, uniformen, schoeisel en schoenenlappers, een opklapbare brug die over rivieren gelegd kon worden. En niet te vergeten: maar liefst zestigduizend pamfletten met de verklaring van Willem in het Engels, die als manna in de woestijn over de Britten zouden neerdwarrelen; plus een zware drukpers met massa's papier. Die aandacht voor de propaganda, toen al, is verbluffend.

Maar één ding had Willem niet in de hand: het weer, en dan met name de wind. De omstandigheden hadden hem gedwongen de sprong te wagen in de herfst, met zijn onberekenbare stormen; gekkenwerk, had men gezegd. Dat zal hij nooit doen, zeiden de adviseurs van de koning. Willem was zich van de gevaren bewust: 'Ik bid de goede God gunstige wind te schenken, want de hele onderneming hangt ervan af.'

En voorwaar, God stelde hem op de proef. In geen jaren had het zo gespookt op zee. De hoge golven maakten het onmogelijk in te schepen en te vertrekken. Met deze gierende wind uit het westen zouden de schepen direct terug op de kust geslagen worden. Koning James slaakte een zucht van verlichting en keek voortdurend naar de windvaan op zijn paleis in Londen. Hij en zijn raadgevers baden om westelijke, paapse winden, waar Willem niet tegenin kon zeilen. Hem was verzekerd dat er tot Kerstmis geen oostelijke, protestantse winden zouden waaien.

Hellevoetsluis

Na tweeënhalve week onafgebroken noodweer, overstromingen en ravage ging de storm liggen en stak er een vriendelijk protestants briesje op. Met tranen in de ogen nam Willem afscheid van Mary. 'Als ik niet meer terugkom, moet je snel een ander trouwen,' zei hij, maar Mary antwoordde: 'Nee, jij bent de enige van wie ik ooit houden zal.' Zij stond achter haar man, overtuigd dat hij het beste met haar land voorhad. Zij had het haar vader in niet mis te verstane woorden geschreven.

Willem vertrok naar Hellevoetsluis en op 30 oktober kon de vloot eindelijk uitvaren. Honderden lachende, huilende en biddende mannen, vrouwen en kinderen wuifden de prins uit; in het hele land heerste een merkwaardig, mysterieus optimisme. Maar nauwelijks was de vloot op zee, of er stak plotseling opnieuw een paapse storm op. Masten braken, zeilen scheurden, zelfs doorgewinterde matrozen werden zeeziek en de schepen wisten niet hoe snel ze weer moesten terugkeren. Er was flinke schade, maar veel minder dan wat de Haarlemse en Amsterdamse kranten meldden. Deze Hollandse kranten werden al jaar en dag in Engeland gespeld, en om de koning te misleiden hadden ze de opdracht gekregen om in hun berichtgeving flink te overdrijven.

Willem bleef bewonderenswaardig kalm. 'Het ergste,' zei hij 'is het verlies van tijd en van paarden.' Er waren ongeveer tweehonderd paarden in de golven verdwenen, veel minder dan werd beweerd en in Londen geloofd. Het tekort werd snel aangevuld, veeboeren uit de omtrek waren maar wat blij dat ze de prins van dienst konden zijn.

Toen de vloot weer klaar was voor vertrek vroeg Willem Mary naar Den Briel te komen, om nog eens afscheid te nemen. Ze aten samen voordat hij weer naar zijn hoofdkwartier in Hellevoetsluis terug moest. Mary schreef: 'Toen hij vertrok was het nog pijnlijker dan de vorige keer, het was of mijn hart uit mijn lijf werd getrokken. Ik kon zelfs niet huilen zoals de eerste keer.' Mary bleef in haar kamer bidden, stapte na anderhalf uur naar buiten en hoorde dat er in de kerk een dienst zou worden gehouden. 'Het was in mijn situatie de beste plek om heen te gaan.'

De volgende dag, op 11 november, voer de vloot opnieuw uit. Willem vertrok 's middags om vier uur op zijn schip Den Brielle en Mary, die in Den Briel had overnacht, beklom de 315 treden van de kerktoren. Ze bleef er een uur, in alle stilte, tot er geen mast op zee meer was te zien.

De klippen van Dover

Al de volgende dag kreeg Mary bericht dat er een kalme protestantse wind woei. Het plan was om naar Noord-Engeland te varen, waar de meeste aanhangers van Willem woonden en waar de koning hem verwachtte, maar de wind draaide iets en ter hoogte van Harwich werd besloten via Dover en Calais naar Zuidwest-Engeland te koersen. Niet als oorlogsvloot maar als een kleurrijke vlootschouw, die zowel vanaf de klippen van Dover als vanaf de heuvels rond Calais aan de Franse kust met verbijstering werd bekeken; een schouwspel dat zes uur duurde. De schepen vuurden hun saluutschoten, militairen stonden in parade-uniform op het dek. Trommels en trompetten speelden vrolijke deuntjes, schreef Constantijn Huygens junior, die net als zijn vader Sir Constantijn de secretaris van de stadhouder was. Junior en senior voelden zich in Nederland en Engeland evenveel thuis. Deze vredelievende processie van schepen, varend in feestelijke formatie, kon alleen maar vreugde en vrijheid brengen.

Ongehinderd door de in verwarring geraakte Engelse vloot zeilden de Hollanders richting Devon. Daar maakte Willem dankbaar gebruik van een paaps briesje om bij het onooglijke vissersplaatsje Brixham aan de baai van Torbay voor anker te gaan. Dat was op 15 november, maar in Engeland, waar nog de juliaanse kalender gold, was het 5 november, Guy Fawkes Day. Willem kwam de protestanten redden.

Een symbolischer dag had niemand kunnen verzinnen. God had het zo voorbestemd, Willem geloofde in de predestinatie. Vanaf de schepen zwaaiden de militairen met vaandels en banieren waarop stond geschreven: VOOR VRIJHEID EN RELIGIE. Ze zongen psalmen en de eerste soldaten gingen aan wal. Willem stapte over op de sloep De Prinses Mary. Ook dit was zorgvuldig bedacht, want de Prins van Oranje kwam niet als veldheer of stadhouder van de Republiek, maar als de echtgenoot van de koningsdochter, prinses Mary. Ook zijn schoonvader kwam hij bevrijden van paaps verderf.

Brixham, noteerde Huygens, was een vervallen gehucht met een paar armoedige huizen, gebouwd met slechte, poreuze steen. De bevolking begreep bij het opstaan in de vroege ochtend niet wat er gebeurde: die overmacht aan schepen, masten, zeilen en soldaten, zoveel mensen bij elkaar hadden ze nog nooit gezien. Was het een wonder van God, was het een droom, waren het de Hollanders waar ze over gehoord hadden, of de Fransen die hun koning kwamen helpen?

Snel werd alles duidelijk en steeg er een hoeragejuich op. Willem riep vanaf De Prinses Mary: 'Als ik welkom ben, breng me dan aan wal.' Ogenblikkelijk liep een plaatselijke visser het water in en tilde Willem uit het schip. Zo, als een kind in zijn armen, bracht hij, wadend door de golven, de verlosser op het droge. De steen waarop Willem de eerste voet aan wal zette, wordt tegenwoordig bewaard in het Rijksmuseum.

Mannen, vrouwen en kinderen trachtten hem aan te raken, kusten zijn handen, riepen: '*God bless you*.' Ze gaven hem appels en honingwijn.

Buller's Arms

Vissers hielpen bij de ontscheping, die twee dagen in beslag nam. Vanaf een klif sloegen Willem, zijn vriend Bentinck en secretaris Huygens alles gade, gezeten op 'armetierige paarden' die boeren hun hadden gegeven. In de herberg Buller's Arms waren de cider en het bier gauw uitverkocht. De soldaten kwamen strompelend en vermoeid aan wal, de paarden waren er niet veel beter aan toe. Ze hadden allemaal rust nodig. Militairen sloegen hun kampement op en ontstaken 's avonds honderden kampvuren om zich te warmen. Het was bitterkoud. Ter herinnering aan de historische landing staat er nu een standbeeld van 'William of Orange' in de haven van Brixham.

Noodgedwongen traag zette de eindeloze stoet van duizenden doorweekte soldaten zich in beweging richting Exeter. Het was beestenweer, de wagens en kanonnen bleven steken in de smalle modderige wegen. Vanuit de verre omgeving waren opgetogen mensen komen kijken naar dit vreemde schouwspel. Ze waren armoedig gekleed, schreef Huygens. Hij was verbaasd zoveel vrouwen en kinderen te zien die pijp rookten. Een ander schreef zelfs een jonge moeder te hebben gezien die met een pijp in de mond haar baby de borst gaf. Toen het kind uitgedronken was greep het zijn moeders pijp en begon erop te sabbelen.

Al gauw schreven de kranten dat de soldaten, zo anders dan men van militairen gewend was, zich voorbeeldig gedroegen. Ze plunderden en roofden niet. Willem duldde

De landing van stadhouder Willem III *in Brixham.*

geen wangedrag. Een soldaat die bij een boer een kip stal werd als afschrikwekkend voorbeeld ogenblikkelijk ter dood veroordeeld en opgehangen. Willem zei: 'Ik kom hier om de wet te herstellen, niet om wetten te schenden.' Hij was onverbiddelijk. Dit was geen bezettingsleger, hij was gekomen op verzoek van de bevolking en dat moest iedere soldaat uitstralen. Na zes dagen kwam Exeter in het zicht, pamfletten met de verklaring werden verspreid en uit handen gegrist. Het defilé van het vredesleger begon met 'eigen' officieren te paard en te voet; drie Engelse en drie Schotse regimenten van het Hollandse, het Staatse leger. Zij werden gevolgd door de tweehonderd zwarte soldaten met grote witte pluimen op hun geborduurde, met bont gevoerde mutsen. Lisa Jardine schrijft in haar prachtige *Going Dutch* (in Nederland verschenen als *Gedeelde weelde*) dat deze zwarte mannen van de suikerplantages in Suriname moesten tonen dat de Republiek een wereldmacht was, die heerste tot aan de grenzen van de toenmalige nieuwe wereld. Met verbazing en ontzag schreven de kranten over de eerste zwarte mensen die zij in hun leven hadden gezien.

Pal achter de slaven liepen Lappen met rendierhuiden over hun uniform. Willem, de prins op het witte paard, reed midden in de stoet, omgeven door oplettende lijfwachten. Maar helemaal naar wens verliep de blijde intocht niet. De bisschop van Exeter vluchtte naar de koning en de burgemeester verontschuldigde zich. Op heulen met de vijand stond de doodstraf. Hij herinnerde zich maar al te goed hoe de opstand van de hertog van Monmouth, hier in deze zelfde omgeving, was geëindigd in een bloedbad. In dorpen in de buurt werden zijn aanhangers gevierendeeld en als slachtvee opgehangen. Zou de Prins van Oranje een beter lot zijn beschoren?

Zwaan-kleef-aan

Na aankomst in Exeter werd in de nog altijd indrukwekkende kathedraal een dankdienst gehouden. Willem nam plaats op de lege bisschopszetel. Maar toen Willems legerpredikant opgewekt riep: 'God zegene de Prins van Oranje', volgde slecht een gedempt 'amen', schrijven Henri en Barbara van der Zee in hun boeiend relaas van Willems zegetocht, *1688: Revolutie in de familie*. Zij vermelden ook dat James al na achtentwintig uur het nieuws van de invasie hoorde. De boodschapper die naar Londen was gestuurd gaf zijn paarden er zo hardhandig van langs dat zeven paarden onderweg dood neervielen. Hijzelf viel flauw toen hij, aangekomen in het paleis, de koning het nieuws wilde vertellen. Ook de koning bleek volledig van slag. Zijn getrouwen wisten niet wat te doen. Het koninklijk spionagenet werkte van geen kanten, dat van zijn schoonzoon des te beter.

Willem realiseerde zich dat zijn zwaan-kleef-aantactiek moest rijpen. Willem noemde de genegenheid van de bevolking overweldigend, 'de edelen zijn wat terughoudender, maar zij komen nu ook onze kant uit, hoe verder we komen hoe meer edelen we te verwachten hebben'.

Na twaalf dagen rust in Exeter sjokte het leger voort in barre weersomstandigheden. Het had een lange weg te gaan. De afstand van Brixham naar Londen bedroeg 500 kilometer, zoiets als Amsterdam-Parijs. Onverwacht, na veertien dagen, meldde zich ene John Churchill bij Willem. Hij was een belangrijke, zo niet de belangrijkste legeraanvoerder en vriend van de koning. Churchill, die drie jaar eerder Monmouth had verslagen, liep nu over naar de vijand, de Prins van Oranje. Toen de koning van Churchills verraad op de hoogte werd gesteld, riep hij: 'Ik had het kunnen verdragen als mijn vijanden mij vervloekten', maar dit was hem te veel. Door de desertie van Churchill was plotseling alles veranderd; Willem, de rattenvanger van Hamelen, kon niet meer verliezen.

John Churchill, de betovergrootvader van Winston Churchill, zou evenals dat achterkleinkind een grote rol spelen in de Britse geschiedenis. Zijn vrouw Sarah was hofdame en boezemvriendin van prinses Anne, de zus van Mary. Ook zij liet net als Mary haar vader vallen en koos voor haar zwager Willem. De koning wist zich geen raad. Zijn beide dochters hadden zich tegen hem gekeerd. Anne en haar hofdame Sarah moesten vluchten.

In zijn verwarring besloot James de koningin en de pasgeboren kroonprins, de baby in de beddenpan, naar zijn grote neef Lodewijk in Versailles te sturen. Dat ging bijna fout, want de Oranjegezinden roken lont. De koningin kon nog maar net ontsnappen, en uiteindelijk kwam ze verkleed als volksvrouw met een bundeltje 'vuile was' onder de arm in Gravesend, waar het schip dat haar naar Frankrijk moest brengen uitgerekend tussen twee Hollandse fluyten lag.

Ondertussen nam Willem de tijd om bevriende edelen te bezoeken in hun vaak indrukwekkende landhuizen. Vlak voor Salisbury stopte hij bij het formidabele Wilton House van Lord Pembroke, vermoedelijk de rijkste man van Engeland. Daar bewonderde hij het portret van zijn moeder als klein meisje, dat door Rubens, de hofschilder van zijn Engelse grootvader, Charles I, was geschilderd. Ondanks de sneeuw en het ijs wilde hij ook de beroemde tuin zien. Willem was een groot liefhebber van tuinen, zoals we nog altijd kunnen zien aan de vorstelijke tuinen van Het Loo. Bomen, bloemen en planten, zo is wel gezegd, hadden voor hem een bijzondere, bijna mystieke betekenis.

Het leger kwam langs Stonehenge, een van de wereldwonderen, waar Willem en zijn kornuiten uitvoerig filosofeerden over de oorsprong en functie van deze mythische steenformaties. Eindelijk, na zes weken, arriveerde de Prins van Oranje in Londen. De koning was gevlogen. In een bootje was hij de Thames over geroeid, het koningszegel had hij overboord gegooid.

Maar dat was niet waar de Londenaren op letten. Zij waren uitgelopen om Willem te begroeten. Londen, schreven historici, veranderde in oranje. Ze zwaaiden met stokken waaraan een oranjeappel was gespiesd. Maar of het allemaal wel zo spontaan was, wordt weleens betwijfeld. Hollandse soldaten namen de wacht van de paleizen over en sloegen hun kampementen op in Hyde Park. Willem van Oranje was de nieuwe Willem de Veroveraar. De invasie was geslaagd. *The Glorious Revolution*, zonder slag of stoot.

De troon was vacant. Wie moest erop komen?

11. King Billy en de molshoop

1689-1702

Gekrakeel

Willem wenste zich niet met de troonopvolging te bemoeien, verzekerde hij. Het parlement moest beslissen. Maar in dat parlement ontstond een eindeloos en oeverloos gekrakeel over de vraag of de vertegenwoordigers van het volk, zoals in de Republiek was gebeurd, een koning konden afzetten. Dat zou het einde betekenen van een goddelijk recht.

Een andere vraag was of James met zijn vlucht naar Frankrijk in feite niet afgetreden was; wellicht ten gunste van zijn babyzoontje, de prins van de beddenpan die nu, veilig in zijn wiegje, bij oom Lodewijk in Versailles lag? Of, en dat was weer een volgende mogelijkheid, zou de Hollandse stadhouder Willem van Oranje tijdelijk, totdat James terug naar Engeland kwam, als regent moeten worden aangesteld? En wat te denken van Mary, zou zij koningin willen worden? Of kwamen Willem en Mary samen op de troon? Maar zou Willem dan koning mogen blijven als Mary stierf? In dat geval bestond het gevaar dat het Huis van Oranje voortaan de Engelse koningen zou gaan leveren.

Het parlement kwam er maar niet uit. De afgevaardigden bleven zeuren en Willem voelde zich beledigd. Hij klaagde over die 'ondankbare Engelsen': 'Ze behandelen me als een

De ratificatie van de Bill of Rights, de basis van de constitutionele monarchie.

hond,' zei hij tegen een vriend. Zijn geduld raakte op. Hij ontbood een groep parlementariërs en wond er geen doekjes om, zoals historicus Machiel Bosman beschrijft in zijn boek *De roofkoning*. Willem zei nog eens hun de wet niet voor te willen schrijven, maar hij zou meteen naar Holland vertrekken als ze zijn vrouw Mary tot koningin wilde kronen of hem zouden vragen regent te worden. Hij was alleen bereid te blijven als hem het koningschap zou worden aangeboden.

Toen hoefde Willem niet lang te wachten. Het parlement besloot de Prins van Oranje, stadhouder Willem III, en prinses Mary Stuart beiden tot koning te kronen. De uitvoerende macht kwam bij Willem te liggen, Mary zou het Huis van Stuart op de troon houden. Na hun beider dood zou eerst Mary's zus Anne aan de beurt komen en pas daarna, als de Stuarts uitgestorven waren, de Oranjes.

Willem kreeg zijn zin, waste zijn handen in onschuld, maar wel tegen een prijs. De afgevaardigden grepen hun kans en stelden een document op dat als de *Bill of Rights* de geschiedenis in zou gaan. Willem ging foeterend akkoord. De koning zou het parlement niet zonder meer naar huis mogen sturen, geen wetten mogen schorsen of afschaffen, zoals de koningen, zich beroepend op hun goddelijk recht, altijd hadden gedaan. De koning mocht geen belastingen heffen en geen leger op de been brengen zonder toestemming van het parlement. Dat was even slikken.

Nog altijd wordt deze wet, voortbordurend op andere wetten als de Magna Carta, beschouwd als een historische mijlpaal op de weg naar de constitutionele monarchie. Zo bracht Willem een modern koningschap naar Engeland, een koningschap dat steunt op de soevereiniteit van het volk. En Willem, die de wet tekende, wordt ervoor geprezen. De Bill of Rights is de triomf van de Glorious Revolution. Tevens werd bepaald dat ter wille van de vrede en veiligheid de koning geen katholiek mag zijn en ook geen katholiek mag trouwen. De vrijheid van godsdienst en geweten moest wijken voor een hoger belang.

Paapse dwaasheden

Vier maanden na zijn aankomst in Londen, op 21 april 1689, werden Willem en Mary in de Westminster Abbey gekroond, een anglicaanse plechtigheid die Willem als overtuigd calvinist toch nog 'bespottelijk rooms' vond. Hij sprak over 'een klucht vol paapse dwaasheden'. Willem had geen gevoel voor rituelen en tradities die tot op de dag van vandaag zo kenmerkend zijn voor de Engelse samenleving. Zo was het onder koningen gebruikelijk om op Witte Donderdag, de donderdag voor Pasen, in navolging van Jezus tijdens het Laatste Avondmaal de voeten te wassen van arme onderdanen. Willem weigerde dit. Het idee dat zieken door aanraking van de koning van hun kwalen verlost zouden worden, irriteerde hem alleen maar. Deze Hollandse nuchterheid maakte hem niet geliefd bij de Engelsen. In de kerk, wist men te vertellen, hield hij zelfs zijn hoed op, 'net zoals de calvinisten in Holland'.

Zodra de kroning voorbij was en hij de zware gouden kroon mocht afzetten kon de nieuwe koning, de koning-stadhouder, zich aan zijn grote levensopdracht wijden: vechten tegen Lodewijk XIV. Willem is overigens de enige Oranje die ooit een kroon gedragen heeft; Nederlandse koningen worden ingehuldigd, niet gekroond. Willem-Alexander heeft nooit een kroon op zijn hoofd gehad, althans, niet in het openbaar.

Al op de dag van zijn kroning zou Willem gehoord hebben dat zijn schoonvader in Ierland was geland. Via de achterdeur zou hij proberen Engeland te heroveren. Willem moest snel handelen, maar Lodewijk lag bij de Republiek op de loer.

De kroning van Willem III en Maria II Stuart, Westminster Abbey, 21 april 1689.

Vechten op twee fronten was riskant. Hij mocht zich niet uit de tent laten lokken.

Hij bouwde een sterke vloot van Engelse en Hollandse schepen en in de zomer van 1690 vertrok de koning-stadhouder met een leger van maar liefs vierendertigduizend militairen, bestaande uit Engelsen, Hollanders, Duitsers en Franse hugenoten. Hij landde in het noorden van Ierland, waar veel protestanten woonden, kolonisten afkomstig uit Schotland. Het leger van James, aangevuld met Ierse katholieken, bestond slechts uit zesentwintigduizend man.

Schoonvader en schoonzoon troffen elkaar bij de stad Drogheda aan de rivier de Boyne. Er werd zwaar gevochten en er vielen veel doden. Op 12 juli werd de strijd beslist. Willem, de verdediger van de protestantse vrijheden, won

Een allegorische voorstelling van de beroemde Slag bij Chatham in 1667 met portret van Cornelis de Witt, de afgevaardigde van de Staten-Generaal. Het portret is omgeven met symbolen van vrede, rechtvaardigheid, vrijheid en eendracht.

Nieuw-Amsterdam - het huidige New York - dat Nederland weggaf in ruil voor Suriname.

Beeldverslag van de kroning van Willem en Mary in de Westminster Abbey.

rocession of Fetching ye Kingly ornament out of ye Touer
Afleggingevan de Croon Eed C ye oaths of ye Crown taken
de Campioens uytdaginge in Westmr. Hall F ye Campions Challenge in Westmr. Hall
Vreugde Vuren op de Theems H Bon fires on ye Theems
Steven Swart, met Privilegie

De vernietiging van de Engelse vloot bij Chatham door de Staatse vloot onder admiraal De Ruyter, links de verovering van het Engelse vlaggenschip de Royal Charles op 22 juni 1667.

De achterspiegel van Royal Charles in het Rijksmuseum.

de beroemde Slag aan de Boyne; een nipte overwinning die de Noord-Ierse protestanten nog ieder jaar op 12 juli herdenken met Oranjemarsen vol tromgeroffel, bolhoeden en oranjesjerpen.

King Billy is nog altijd de grote held van de protestantse Noord-Ieren en ieder jaar opnieuw wordt hij op zijn witte paard afgebeeld op de blinde muren van hun grauwe rijtjeshuizen. Toen ik in het najaar van 1965 voor het eerst in Noord-Ierland kwam, vertelde de voorzitter van de Oranje Orde dat hij bij de interland Noord-Ierland tegen Nederland tot zijn schrik alleen voor Oranje juichte (de Noord-Ieren wonnen met 2-1). En de vermaarde dominee Paisley verwelkomde mij tijdens de preek in zijn bomvolle kerk als 'onze broeder uit het land van King Billy'. Maar dat de overwinning bij de Boyne op het Europese land vooral gezien werd als een nederlaag voor Lodewijk XIV en dat daarom zelfs in Rome de paus als dank aan God het Te Deum aanhief, wenste dominee Paisley niet te aanvaarden; evenmin dat het Vaticaan ter ere van de overwinning met duizenden lichtpotjes zou zijn verlicht. 'Paapse leugens,' bulderde Paisley met een grimmige lach.

De Bank van Engeland

De voortdurende oorlogen tegen Frankrijk kostten veel geld. Dat was een van de belangrijkste redenen voor Willem om in 1694 de Bank van Engeland op te richten, in navolging van de Amsterdamsche Wisselbank. De Bank van Engeland bracht, net als de Amsterdamse bank, stabiliteit en duidelijkheid. Willem werd ook minder afhankelijk van de grillen van het parlement.

Maar zoals de Amsterdamsche Wisselbank beschouwd werd als het geheim van Hollands welvaart, werd dankzij Willem de Bank van Engeland gezien als het symbool van de grote omslag naar de Engelse wereldmacht. Niet langer was Amsterdam de grote magneet, nu was dat Londen. Dat maakte 'deze Hollander tot een van Engelands grootste monarchen,' schreef de bekende historicus David Starkey in zijn geschiedenis van de Engelse vorsten, *Crown and Country*. Engeland was niet meer de mindere van de Republiek en geen vazalstaat meer van de machtige Zonnekoning. Omgekeerd bleef dankzij Willem de Republiek bestaan. Zij werd niet door Frankrijk, alleen of samen met Engeland, ingelijfd.

Toch bleef deze grote Hollander in Engeland een vreemde eend in de bijt. Willem had een hekel aan het grote, protserige Whitehall Palace waar sinds Henry VIII de koningen woonden. Vanwege zijn zware astma kon hij de Londense mist en rook van de vette kolenhaarden niet verdragen. Willem en Mary wilden naar buiten en genoten intens van Hampton Court, ten westen van Londen aan de Thames. Mary bracht er haar verzameling Delfts blauwe vazen heen, die zorgvuldig zijn bewaard. In Hampton Court verrees zelfs een echte Hollandse veeboerderij, met verse melk en verse kaas. Dichter bij de stad kocht Willem aan het eind van Hyde Park een landhuis dat hij liet verbouwen tot Kensington Palace, het 'Hollandse paleis', waar ruim een eeuw later koningin Victoria werd geboren. Ook prinses Diana zou er na haar scheiding wonen en nu haar zoon prins William met zijn Kate. Willems vriend Hans Willem Bentinck ontwierp de tuinen van Kensington Palace. Ze werden verzorgd door Hollandse tuinmannen, met wie de jonge koningin Mary graag een praatje maakte; ze sprak goed Nederlands.

Willem echter was geen man van vrolijke babbeltjes met zijn onderdanen. Dat kon hij niet: gasten stelde hij niet op hun gemak, hij miste de charme en was ook voor zijn naasten aan het hof moeilijk bereikbaar. Hij sloot zich af. Dat irriteerde de Engelse ministers, die gewend waren aan een koning bij wie ze langs konden komen om onder vier ogen zaken te regelen, schrijft David Starkey. 'In plaats van te overnachten in de koninklijke slaapkamer met al zijn pracht en praal, de vertrouwde plek waar men bijeenkwam, sliep Willem in een eenvoudige kamer die helemaal privé was.' Daar kon hij niet gestoord worden door gedienstige lakeien en hoefde hij niet bang te zijn voor nieuwsgierige blikken van ministers. De sloten, aldus Starkey, zaten aan de binnenkant van de slaapkamerdeur en alleen Arnold Joost van Keppel, wiens kamers naast die van de koning lagen, had de sleutel.

Van Keppel was een landjonker uit de Achterhoek, die als page met Willem meegekomen was naar Engeland. Hij zou na Bentinck, Willems leeftijdgenoot en vroegere favoriet, de grote vertrouweling en geliefde zijn geworden. Roddel en achterklap waren het gevolg, schrijft Starkey. Willem verhief beiden in de adelstand, hij schonk hun huizen en landerijen; Van Keppel werd graaf van Albemarle, Bentinck graaf van Portland. Na Willems overlijden keerde Van Keppel terug naar Nederland, zijn kinderen bleven in Engeland. De Keppels, die de 'van' schrapten, bekleedden door de eeuwen heen belangrijke politieke en militaire functies. De overgrootmoeder van prinses Camilla, de echtgenote van kroonprins Charles, was getrouwd met een nazaat, George Keppel. Deze ondeugende overgrootmoeder, Alice, was de bekende maîtresse van koning Edward VII, de overgrootvader van Charles. Camilla en Charles, die net als Alice en George keurig getrouwd waren, spraken af het voorbeeld van hun voorouders te volgen. Prinses Diana, de echtgenote van Charles, kon het spel niet meespelen.

Willem omringde zich het liefst met Nederlandse militairen, adviseurs en vertrouwelingen. Verscheidenen van hen sloeg hij tot ridder, zoals zijn achterneef William van Nassau-Zuylestein, die tot graaf van Rochford werd verheven. (Nassau van Zuylestein was een bastaardtak, maar de verengelste nakomelingen zijn de enigen bij wie via mannelijke lijn het bloed van Willem van Oranje nog door de aderen stroomt.) De Engelsen voelden zich buitengesloten. Een mokkende Engelse politicus zei eens: 'Wij waren rivalen, nu zijn zij onze meesters. Het zal niet lang duren of we hebben ook Hollandse bisschoppen, Hollandse lords, Hollandse Lagerhuisleden, Hollandse alles.' Zelfs John Churchill, de luitenant-generaal van het leger, de belangrijkste militair die naar Willem op zijn tocht naar Londen was overgelopen, en ter gelegenheid van de kroning verheven was tot graaf van Marlborough, raakte in ongenade. Hij moest het hof verlaten en werd zelfs even in de Tower gevangengezet, verdacht van poging tot moord en samenzwering. Prinses Anne noemde haar zwager Willem 'het Hollandse monster'. De Londenaren die de Hollanders zo enthousiast ontvangen hadden, raakten teleurgesteld en spraken van een bezettingsleger. Ze begonnen te klagen over de Hollandse soldaten 'die na het ontbijt de afgekloven visgraten op straat gooiden en de dames, op hun ochtendwandeling door het park, bang maakten met hun spiedende ogen en enge Hollandse bakkebaarden'. Willem zelf werd uitgemaakt voor *rotten orange*.

's Zomers ging Willem naar Holland om er zijn stadhouderlijke plichten te vervullen. De koninklijke taken mocht Mary dan behartigen. Soms als het hem in Engeland te veel dreigde te worden overwoog hij voorgoed naar Holland terug te gaan. Hij verzuchtte eens: 'Ik zie dat ik niet voor dit volk gemaakt ben; en dit volk niet voor mij.' Hij deed geen pogingen om bij de Engelsen in de smaak te vallen. Het was zijn taak 'om vijanden te verslaan', die van zijn vrouw 'om vrienden te maken'. Zo vulden ze elkaar aan. Mary 'vertegenwoordigde de Engelse deugden', Willem werd geduld. Maar koningin Mary werd ziek. Ook zij kreeg de waterpokken en stierf in Kensington Palace op 28 december 1694. Ze werd eenendertig jaar oud.

Het land was in diepe rouw om het verlies van zijn geliefde koningin. Willem ontving van alle kanten blijken van medeleven toen men zag hoe groot en welgemeend zijn verdriet was. De Engelsen hadden met die kleine, ziekelijke, mismaakte koning te doen. Zelfs prinses Anne werd na de dood van haar zus aardiger en Willem verzoende zich weer met John Churchill, de graaf van Marlborough. Samen met hem voerde Willem het agressief buitenlands beleid. Churchill kreeg zelfs zitting in de regeringsraad die Engeland bestuurde wanneer Willem 's zomers in Holland verbleef. In 1701 benoemde Willem Marlborough tot buitengewoon ambassadeur in Den Haag en opperbevelhebber van de Britse troepen in de Republiek. Willems krachten namen af en Marlborough werd de grote leider die in een alliantie van protestantse naties Lodewijk moest terugdringen. Marlborough nam zijn intrek in het Mauritshuis in Den Haag.

Op de koude ochtend van 21 februari 1702 ging de koning als gebruikelijk rijden in de tuinen van Hampton Court. Zijn lievelingspaard, Sorrel, struikelde over een molshoop. Willem viel op de grond en brak zijn sleutelbeen. De botbreuk heelde, maar zijn toestand verslechterde. Op 8 maart werd hij overgebracht naar Kensington Palace, waar hij een maand later op 12 april op eenenvijftigjarige leeftijd overleed. Willem, zo bleek, droeg een haarlok van Mary op zijn borst. Koning Willem III kreeg geen staatsbegrafenis. Hij werd op een nacht in besloten kring bijgezet in een gewelf van Westminster Abbey, naast zijn vrouw koningin Mary. Een grafmonument hebben Willem en Mary nooit gekregen.

Willem bracht in 1688 behalve de Glorious Revolution ook genever naar Engeland. Dat was de drank van de Hollandse soldaten: het gaf hun Dutch Courage, jenevermoed. De Engelsen verbasterden genever tot gin. En als dank aan het Engelse volk dat hem zo hartelijk ontving, gaf Willem in zijn kroningsjaar iedereen het recht zijn eigen gin te stoken en zonder vergunning te verkopen. De accijns werd afgeschaft en Willem, slim als hij was, probeerde zo de import van Franse cognac tegen te gaan.

Gin was zachter, smakelijker en goedkoper dan bier, en al snel konden duizenden en duizenden Londenaren niet meer zonder deze *Dutch Drink*, deze *Madame Genever*. Vooral vrouwen hielden ervan. Willems schoonzus prinses Anne stond ermee op en ging ermee naar bed. En langzamerhand werd deze volksdrank *Mothers Ruin*, moeders ondergang.

Gelukkig heeft Willem dat niet meer mee hoeven maken, maar in het midden van de achttiende eeuw was de ginepidemie zo wijdvertakt dat in sommige Londense sloppenwijken in één op de vier huizen gin te koop was. Het aantal begrafenissen was twee keer zo hoog als dat van doopsels. Moeders verkochten zelfs hun kinderen voor een pint gin. Pubs adverteerden met *Drunk for a penny, deaddrunk for twopence, clean straw for nothing*: dronken voor een penny, laveloos voor twee penny en gratis stro om de kater uit te slapen.

Pamfletten tegen dronkenschap haalden weinig uit en in 1751 tekende de schilder William Hogarth zijn beroemde Gin Lane, een smerige steeg waar een man zich heeft opgehangen. Een half blote dronken vrouw zit te lachen terwijl haar kind te pletter valt. De huizen vallen van ellende uit elkaar, behalve die van de begrafenisondernemer en de pandjesbaas. Deze prent maakte diepe indruk. De accijnzen

Gin Lane *van William Hogarth, de indrukwekkende aanklacht tegen drankmisbruik.*

gingen omhoog en gin werd te duur voor arme sloebers. Lang bleef gin een vrouwendrank, vooral gedronken door vrouwen met dubieuze beroepen als prostituee, waarzegster en oplichtster, maar de moeder van de huidige koningin Elizabeth (the Queen Mum) werd met haar dagelijkse glaasjes gin 101 jaar. De afgelopen jaren is gin een stoere mannendrank geworden, zoals in de tijd van de koning-stadhouder Willem en zijn soldatenmakkers, die al dan niet vol Dutch Courage ten strijde trokken.

12. Over u, bij u, maar zonder u

1713-1795

Gullivers reizen

Nooit waren Engeland en Nederland zo met elkaar verstrengeld als in die dertien jaren dat, zoals de Engelsen zeggen, *we were ruled by an Orange*. Kooplieden, hoveniers, bankiers, soldaten, ambachtslieden, schilders en beeldhouwers, architecten, ingenieurs, dominees, diplomaten en edelen reisden met Willem mee of volgden in zijn voetspoor. Zijn Glorious Revolution schudde de Britse monarchie flink op.

Volgens zijn bewonderaars, de Whigs, die hem naar Engeland hadden gelokt, legde Willem zelfs de basis voor het Britse imperium dat de wereld twee eeuwen zou bestieren. Maar zijn tegenstanders, de Tories, die alles het liefst bij het oude wilden houden, zagen een fanatieke vechtersbaas die op rooftocht naar Engeland kwam. Een sluwe vos die de wettige koning verjoeg en de Britten financieel ruïneerde. Jonathan Swift, de satiricus en schrijver van *Gullivers reizen*, beschuldigde Willem er in 1711 van alleen maar naar Engeland te zijn gekomen om Holland sterker te maken. Nog altijd zijn er Engelsen die er zo over denken. In Londen komen ieder jaar op Willems sterfdag een paar van die zeloten bijeen in het vriendelijke parkje op St James's Square met een bronzen beeld van Willem te paard. Vóór de voet van het paard zit de mol die de koning ten val bracht. En voor die heldendaad

Standbeeld van koning-stadhouder Willem III, zijn paard en de mol.

komen de Willem-bashers die kleine bronzen mol, *the little gentleman in the black velvet waistcoat*, bedanken. Van het vele aaien glimt de mol van weelde.

Als tegengif is er voor de trotse bewonderaars in het Naval College in Greenwich een wandschildering waarop Willem en Mary als onoverwinnelijke goden op ons neerkijken. Bescheidener staat Willems borstbeeld in de tuin van zijn Kensington Palace, en in de Dutch Church zijn Willem en Mary aandoenlijk jong en onwennig in gebrandschilderde ramen vereeuwigd, bang dat de kroon van hun hoofd valt. Zo is er voor ieder wat wils, maar zowel in Engeland als in Nederland blijft Willems grandioze avontuur in de schoolboeken onderbelicht. Hij was een uitzonderlijk knap en slim staatsman, koningin Wilhelmina bewonderde haar voorvader als haar grote held en Daniel Defoe, de schrijver van *Robinson Crusoe*, nam het op voor die verguisde Hollanders en schreef in 1702, net na de dood van Willem:

How they came here our freedom to maintain
Were paid and cursed, and hurried home again.

Willem redde de Republiek van de ondergang, hield de boze vijand buiten de dijken, maar met het roven van de Engelse koningskroon luidde hij tegelijkertijd ook het einde van de Gouden Eeuw in. Engeland nam het stokje over en, schreef Lisa Jardine, '*plundered Dutch Glory*'. Hollands Glorie was niet meer. Na Willems dood verschenen plaatjes in de kranten van het fregat Britannia dat het kleine roeibootje Holland op sleeptouw nam. Zowel het fregat als de roeiboot moest het zonder stuurman van Oranje doen.

Blenheim

In de Republiek begon het tweede stadhouderloze tijdperk en in Engeland benadrukte koningin Anne, die het roer van haar zwager Willem overnam, dat zij weer zuiver en waarachtig Engels was – ondanks haar liefde voor Willems jenever. Maar Willems buitenlands beleid zette zij voort en ook zij steunde op John Churchill, de graaf van Marlborough, die zij van graaf promoveerde tot hertog.

Marlborough zat veel in Den Haag, waar hij samen met de Hollanders voor de zoveelste keer moest optreden tegen Lodewijk XIV, die verwikkeld was in de Spaanse Successieoorlog. Lodewijk loerde op de Spaanse troon, maar dat mocht van de andere Europese landen nooit gebeuren. Daarmee zou Frankrijk te sterk worden en het Europees evenwicht te zeer verstoren.

In vijf weken wandelde Marlborough met zijn leger vanuit de Lage Landen helemaal naar Beieren. In de zomer van 1704 versloeg hij de Franse koning bij Blenheim aan de Donau. Van deze Slag bij Blenheim, waarbij aan Franse zijde twintigduizend doden vielen, heeft Lodewijk zich niet kunnen herstellen. Marlborough ging terug naar Den Haag, naar het Mauritshuis, het 'hotel van staat', waar voorname gasten van de Republiek tijdelijk konden verblijven. Met Kerstmis wilde hij thuis in Engeland zijn. De dag na zijn vertrek brandde het Mauritshuis volledig af; alleen de muren bleven staan. De oorzaak van de brand is nooit gevonden. De wederopbouw duurde tien jaar en werd grotendeels bekostigd door opbrengsten van een loterij.

In de beslissende Slag om Blenheim vochten meer Nederlandse dan Engelse militairen. Marlborough was de Hollanders zeer dankbaar en prees hen voor hun moed en volharding, maar de Engelse pers schreef louter en alleen over de Britse triomf, alsof de Hollanders, die zo'n grote rol hadden gespeeld, er niet waren geweest. Voor de Engelsen was het weer tijd om, zoals tijdens de eerdere Zeeoorlogen, bij de geringste tegenslag de spot te drijven met die stomme, dronken Hollanders. Jonathan Swift kon het weer niet laten om na wat Hollandse pech bij schermutselingen tegen de Fransen in Vlaanderen te roepen dat de 'Hollandse schurken' zich koest moesten houden. Hij schreef: 'Ook al schoppen en trappen ze als wilde beesten in een kooi, het touw waar ze mee vastgebonden zijn, is te sterk om te breken; ze zullen gauw moe worden van al dat gespartel en als ze moe zijn, worden ze kalm.' De Hollanders, zei een ander, waren de 'hoofdluizen van Europa'.

Ter ere van de overwinning bij Blenheim mocht Marlborough als geschenk van de natie een eigen paleis bouwen. Dat werd Blenheim Palace bij Oxford. John Vanbrugh, de bouwmeester wiens voorouders uit Brugge kwamen, mocht het gigantische gebouw ontwerpen, als een nationaal monument. Winston Churchill is er geboren. Hij schreef een biografie over zijn illustere voorvader, de hertog van Marlborough, en deed hiervoor in 1932 onderzoek bij Blenheim. Toen Churchill daar in Beieren de Hitlerjugend, zingend en zelfbewust, zag marcheren, wist hij het zeker: dit wordt oorlog.

Niemand wilde hem toen nog geloven, maar hij hield vol en begreep dat je met Hitler nooit een akkoord mocht sluiten. Daar in Beieren, op zoek naar de rol van zijn betovergrootvader bij de Slag van Blenheim, drong bij hem het besef door: wie vrede wil, moet zich voorbereiden op de oorlog. De geest van Marlborough daalde over Winston neer. Hij heeft hem tot zijn dood toe vereerd.

Balance of Power

In 1713, na anderhalf jaar onderhandelen, feesten, partijen, theater en muziek kwam met de Vrede van Utrecht een einde aan de Spaanse Successieoorlog. De afgevaardigden beloofden, op de dansvloer, aan de diner- en in vergaderzalen, met elkaar geen oorlog meer te zullen voeren. Zij legden – heel bijzonder – de nadruk op het handhaven van een Europees evenwicht, de later zo beroemd geworden *Balance of Power*, de drijfveer van het Britse Europees beleid.

Deze Vrede van Utrecht werd voor de Republiek, een van de overwinnaars, een pijnlijke ontgoocheling. De Republiek telde plotseling niet meer mee. Ze was geen wereldmacht meer. Een Frans onderhandelaar zei: 'Wij spreken over u, bij u, maar zonder u.' Dat was slikken. Als schrale troostprijs kregen we de stad Venlo. De Britten kregen Gibraltar, dat Jakob van Heemskerk zeven jaar eerder op de Spanjaarden had veroverd.

Het kleine kikkerland, zoals de Republiek genoemd werd, kon het niet meer bijbenen. De oorlogen werden te duur, de staatsschulden torenhoog. De handel zakte in en op allerlei gebied haalden de Engelsen ons in en werden zelfs beter, vaak dankzij Nederlanders die met Willem naar Engeland waren geëmigreerd.

Britse gentlemen hoefden niet langer hun linnen hemden uit de Lage Landen te halen; ze konden terecht in Ulster, in Noord-Ierland, waar Hollandse immigranten, op voordracht van de koning-stadhouder, weverijen en blekerijen hadden opgezet. In Manchester werden de beroemde Hollandse en Vlaamse weefgetouwen vervangen door ingenieuze Engelse machines; de industriële revolutie stond op het punt om uit te breken. De manchester broek zou de wereld gaan veroveren. In Staffordshire kwam nu de Hollandse Jan Ariens van Hamme de Engelsen vertellen hoe je porselein, tegels, pannen en potten moest bakken. Engelse schepen deden voor de Hollandse niet meer onder en zelfs de haringvissers raakten de heerschappij op de Noordzee kwijt.

Voor Hollandse financiers werd het vaak lucratiever om in Engelse bedrijven te investeren. Zij roerden zich in de City, Joost van Beck werd in 1710 president van de Bank van Engeland en Stefan Janssen bracht het tot Lord Mayor, burgemeester van de Londense City. Verzekeraars, bankiers en makelaars uit Nederland verdienden kapitalen in Londen, maar veel avonturiers raakten ook alles kwijt. In juli 1720 bestormde een tierende menigte het Engelse Koffijhuis in Amsterdam toen bekend werd dat de Londense beurs was ingestort als gevolg van de dubieuze handelspraktijken en valse voorspellingen van de South Sea Company. Het was een beurscrash te vergelijken met de tulpenmanie, een eeuw tevoren in het toen almachtige Amsterdam.

In het Engelse Koffijhuis lagen de Londense kranten met de beursberichten en de *Lloyd's List*, die twee keer per dag met een vaste postdienst via Harwich en Hellevoetsluis naar Holland werden gebracht. Want al haperde de economie en slonk de export zienderogen, toch was er nog goed geld in Holland te verdienen. Tientallen Schotten en Engelsen zetten met name in de grote havensteden Rotterdam en Amsterdam banken en handelskantoren op, zoals de Schotse bankiersfamilie Hope die in Rotterdam begon en aan de Amsterdamse Keizersgracht een unieke kunstverzameling aanlegde; en de Engelse bankier George Clifford, die via de VOC honderden exotische planten en wilde dieren naar zijn buitengoed, de Hartekamp bij Heemstede, had gebracht.

De fabel van de bijen

De Republiek met haar befaamde tolerantie, haar vrijheid van meningsuiting en beroemde universiteiten in Leiden, Utrecht, Franeker en Harderwijk waar Oxford en Cambridge niet aan konden tippen, was in de Gouden Eeuw een vluchthaven geweest voor dissidenten, wetenschappers en filosofen. De Verlichting, zo wordt gedacht, zou zelfs in de Republiek zijn ontkiemd. Maar de bakens werden verlegd en nu werd het Londen, waar als teken aan de wand een Rotterdammer, Bernard Mandeville, opschudding en verontwaardiging veroorzaakte met de publicatie in 1714 van *De fabel van de bijen*, een boek dat economen en denkers nog altijd prikkelt, irriteert en inspireert.

Mandeville kwam uit een Hollandse artsenfamilie, had in Leiden gestudeerd en was naar Engeland gekomen om de taal te leren. Gestimuleerd door de grote Leidse leermeester Boerhaave verdiepte hij zich in het gedrag van mensen. Hij specialiseerde zich in patiënten die leden aan depressies en zwaarmoedigheid. Mandeville zou zenuwarts genoemd kunnen worden. Hij zag – en dat was ongebruikelijk – zijn patiënten als individu; als mensen met goede en slechte eigenschappen, die op hun manier allemaal gelukkig wilden worden.

In *De fabel van de bijen* ontwikkelde Mandeville de theorie dat ondeugden, schurkenstreken, corruptie en eigenbelang de wereld verder brengen dan liefdadigheid, zelfopoffering en eerlijk-zullen-we-alles-delen; maar wel onder een krachtige en ervaren overheid. Geldwolven, ijdeltuiten en machtswellustelingen leven graag op grote voet, verschaffen werkgelegenheid, kopen dure en overbodige zaken; en dat is goed voor de economie. In een ander betoog, *De ontmaskerde maagd*, hield hij een 'bescheiden pleidooi' voor openbare bordelen onder toezicht van de overheid, een standpunt dat de stad Amsterdam ook heimelijk huldigde, een voorbeeld van het Hollandse gedogen. Mandeville benadrukte de 'menselijke aard', 'de wetten van de natuur', waaraan hij meer waarde hechtte dan aan de 'goddelijke wetten'. Hij was een gelovig mens, maar hekelde de schijnheilige geestelijken en weldoeners. De kerkelijke autoriteiten probeerden tevergeefs zijn in vele talen vertaalde boeken te verbieden. Cynisme en moralisme waren Mandeville vreemd. Hij leefde bescheiden en trok – als een van de eersten – fel van leer tegen slavernij en discriminatie van vrouwen.

De dagboekschrijver Samuel Pepys zei: 'Hij heeft me de ogen geopend.' Ook Adam Smith, de Schotse filosoof, grondlegger van het liberalisme en schrijver van *The Wealth of Nations*, werd door Mandeville geïnspireerd. De Franse filosoof Voltaire, die na zijn verblijf in de Republiek naar Engeland kwam om de Engelse vrijheden aan den lijve te beleven, was vol lof over *De fabel van de bijen*. Economen, sociologen en politici blijven hem bestuderen, maar in Nederland heeft de Verlichtingsdenker Bernard Mandeville, die op zijn beurt beïnvloed lijkt te zijn door de Amsterdammer Spinoza, nooit de roem verworven die hij elders kreeg.

Zwarte tanden

De Republiek was niet meer het walhalla van nieuwe gedachten. Leiden en Utrecht verloren hun aantrekkingskracht en in de ogen van achttiende-eeuwse Britse reizigers werd, volgens de historicus Kenneth Haley, Holland vooral gezien als een schim van zijn grootse verleden. Zo schrijft hij over de Britse ambassadeur Lord Chesterfield die in 1728 naar Den Haag kwam. Chesterfield zei zich met 'zijn hoofd' voor te bereiden op saaiheid en ernst, met 'zijn ogen' op zwarte tanden en witte lippen, met 'zijn neus' op de stank van tabak en ongewassen voeten, en met 'zijn maag' op kaas, boter en haring.

Anderen wisten te melden dat het land van de vrijheid verworden was tot het land van de geldzucht. Maar tegelijkertijd waren er reizigers die als vanouds de schone straten en huizen bewonderden. 'Hollandse dienstmeisjes boenen de stoep schoner dan wij onze kamers', 'koeien waren schoner dan de windhonden van de Engelse gentleman'. Holland was een grote tuin. 'Wat is er mooier dan een reis met de trekschuit door het Hollandse landschap?' Reizen door Holland werd aanbevolen omdat het gewone volk zich zo tevreden en gelukkig gedroeg. Bedelaars waren er niet te zien en toeristen werd aangeraden om een bezoek te brengen aan weeshuizen en gevangenissen, als het rasp- en spinhuis, waar de wezen en criminelen zo waardig behandeld werden. Opvallend was de opmerking van de Franse filosoof Montesquieu, die het onvrije Frankrijk was ontvlucht en de vrijheid in Engeland vergeleek met die in de Republiek: de vrijheid in Londen was de vrijheid van gentlemen, in Holland was het de vrijheid van het plebs. Montesquieu koos voor de Engelse vrijheid.

Een nieuw huwelijk

Helemaal verloren was de Republiek niet. Koningin Anne stierf ook kinderloos en toen, in 1714, kwamen de Duitsers op de Britse troon, achterneven uit Hannover die bij voorkeur George heetten. Het Huis van Stuart maakte plaats voor het Huis van Hannover. De Duitsers wilden vrienden met de Hollanders worden, omdat die uitstekende soldaten leverden en als eersten een leger naar Schotland stuurden om de prins van de beddenpan, de Old Pretender en daarna diens zoon, de Young Pretender (beter bekend als Bonnie Prince Charlie) de voet dwars te zetten. De Pretenders bleven proberen de koningskroon te veroveren. Dat lukte niet en Henry Pelham, de Britse minister-president, zei: 'De Hollanders zijn onze enige bondgenoten.'

Premier Pelham en zijn koning George II waren ervan overtuigd dat alleen een stadhouder, en wel een Prins van Oranje, het verval van de Republiek kon tegengaan. Om de Oranjes een handje te helpen in hun poging om weer stadhouder te worden van alle zeven provincies, bood George zijn oudste dochter, de twaalfjarige Anne aan. Zij moest maar trouwen met de tienjarige Willem Friso van Oranje-Nassau, die in Leeuwarden werd opgevoed en na de verdrinkingsdood van zijn vader stadhouder van Friesland en Groningen was geworden, jong als hij was. De andere provincies wilden geen stadhouder meer en zeker geen Oranje.

De huwelijksonderhandelingen begonnen in 1721. Pas twaalf jaar later kon het huwelijkscontract worden getekend, na een langdurig juridisch proces over de vraag of Willem Friso inderdaad de Prins van Oranje was en kon beschikken over het grote Oranjevermogen. De Staten-Generaal, met name Holland, bleven dwarsliggen. De regenten waren bang dat Willem Friso, net als de stadhouders vóór hem, weer koninklijke allures zou krijgen en op oorlogspad zou willen gaan. Oorlog was een bezigheid voor koningen die hun rijk wilden uitbreiden, geen spel voor de Republiek. De Republiek, zeiden de regenten en de kooplieden, leefde van handel, handel met iedereen. Neutraliteit stond hoog in het vaandel. Daarom zou een huwelijk met een Engelse prinses nieuwe spanningen geven.

Georg Friedrich Händel

Desondanks vertrok de inmiddels tweeëntwintigjarige Willem Friso in het najaar van 1733 naar Londen, waar zijn aanstaande schoonvader tot zijn schrik druk bezig was om de Staten-Generaal onder druk te zetten om weer een Oranje tot stadhouder te benoemen. Het werkte averechts: Willem Friso kon de spanning niet aan, werd er ziek van en het huwelijk werd uitgesteld. Hij ging kuren in Bath, de stad met haar geneeskrachtige bronnen, en in de lente van 1734 konden Willem en Anne van Hannover dan toch nog trouwen. Georg Friedrich Händel, Anna's muziekleraar, componeerde voor hen de serenata *Il parnasso in festa*. Na de feestelijkheden in Londen was de ontvangst in Amsterdam koel en katerig; zo pijnlijk zelfs dat Willem Friso al na een halfuur de boot naar Friesland nam. In Leeuwarden werd het jonge paar hartelijker ontvangen, maar Anne schrok van het provinciale, weinig verfijnde hofleven. Ze had een gloeiende hekel aan haar schoonmoeder, kreeg miskraam na miskraam en werd verteerd door heimwee. Troost vond ze in de muziek, ze speelde klavecimbel en componeerde liederen. Opwindend was het niet, maar na dertien Friese jaren werd plotseling alles anders. In 1747 vielen de Fransen opnieuw de Republiek binnen. Het neutraliteitsbeginsel liep averij op. En zoals in het Rampjaar 1672 riep het volk ogenblikkelijk om een Oranje als de redder van het vaderland.

Willem Friso ijlde naar Den Haag en werd niet alleen daar, maar deze keer ook in Amsterdam door een jubelende menigte begroet. Wie geen oranje strik, hoed of wortel in de revers droeg, liep het gevaar in de gracht te worden gegooid. Ogenblikkelijk werd hij benoemd tot stadhouder Willem IV, stadhouder van alle provincies. Tevens werd hij aangesteld tot legeraanvoerder. En als klap op de vuurpijl werd, na dit tweede stadhouderloze tijdperk, het stadhouderschap van de Oranjes erfelijk verklaard. Koning George in Londen was opgetogen. De Oranjes waren weer de baas in de Republiek. Willem en Anna verhuisden naar het stadhouderlijk kwartier op het Binnenhof. Anna betrok het huis ernaast, waar Arnold Joost van Keppel, de vertrouweling van de koning-stadhouder, gewoond had. De twee huizen waren met elkaar verbonden. Anne leefde op, het Binnenhof werd een centrum van kunst en cultuur, vanuit heel Europa kwamen musici concerten geven. Ze kreeg belangstelling voor politiek, gaf haar man advies en was betrokken bij benoemingen. Maar lang konden ze niet van het nieuwe leven genieten. Willem, nooit hersteld van een val van zijn paard als jongetje op vakantie op paleis Soestdijk, werd ziek en stierf in 1751, veertig jaar oud; hij was net terug van een kuur in Duitsland. Stadhouder Willem IV was een beminnelijk man, maar bleek niet krachtig genoeg om de corruptie en vriendjespolitiek van de regenten aan te pakken.

Prinses Anne werd regentes van hun driejarig zoontje, de nieuwe stadhouder Willem V. Volgens de Staten-Generaal waren Anne en haar adviseur, wederom een graaf Bentinck, veel te Engelsgezind. De kleine stadhouder kreeg er een Duitse voogd bij, de hertog van Brunswijk. Anne stierf een paar jaar later, van verdriet om de dood van haar man. Pogingen om haar zoon ook weer te laten trouwen met een Engelse prinses, Caroline Matilda van Wales, mislukten. Zij koos voor een Deense prins, Willem V voor een Duitse prinses, Wilhelmina van Pruisen, de zus van koning Frederik Willem van Pruisen. Stadhouder Willem IV bleek de laatste Oranjetelg die een Engelse prinses aan de haak sloeg.

James Boswell

De stadhouders brachten niet het verwachte economisch herstel. Zij konden geen hervormingen doorvoeren en een einde maken aan de verfoeilijke vriendjespolitiek. De handel stagneerde, de werkloosheid steeg en James Boswell, de latere befaamde biograaf en dagboekschrijver die in 1763 en 1764 rechten in Utrecht studeerde, zag in de Domstad vooral armoede en verloedering. Hij beklaagde de hongerige werklozen die leefden op aardappelen en jenever. Ze waren, vreesde hij, te verzwakt en te verslaafd om ooit nog te kunnen werken. Mogelijk zag Boswell het te somber. Zijn grote liefde, de schrijfster Belle van Zuylen die hij in Utrecht had ontmoet, had verteld niet met hem te willen trouwen.

In Amerika werd het onrustig. De kolonisten kwamen in

Belle van Zuylen sloeg het huwelijksaanzoek van de Schotse biograaf James Boswell, die in Utrecht studeerde, af.

opstand tegen het Britse bewind en wilden zich losscheuren van het moederland. In 1776 verklaarden zij zich onafhankelijk. De *Declaration of Independence* was geënt op het Plakkaat van Verlathinge uit 1581. In de Republiek bestond veel sympathie voor de opstandelingen en als steunbetuiging leverden de Hollanders wapens en munitie in overvloed. Zij beriepen zich op vrijhandel en de vrije zee. De Engelsen protesteerden, en toen de Britten op een gekaapt schip de documenten vonden van een ophanden zijnde handelsovereenkomst en bondgenootschap tussen de Republiek en Amerika, verklaarde Engeland de Republiek de oorlog: de Vierde Engelse Zeeoorlog, die duurde van 1780 tot 1784.

De Britten vielen bij de Doggersbank de Hollandse vloot aan. Na zware verliezen konden de Hollanders de vijand van zich af slaan, maar ze waren niet meer in staat om de Britten te verdrijven. Die kaapten erop los, het ene schip na het andere. Het was koren op de molen van de patriotten die af willen van de huns inziens slappe, onbekwame stadhouder Willem v. Hij hield van dansen, feesten, toneel en lekker eten, maar van staatszaken begreep hij weinig.

De patriotten waren anti-Oranje, anti-Brits en pro-Frans. Ze voelden zich verwant aan de Amerikaanse rebellen en werden gesterkt door de revolutionaire wind die door heel Europa woei. De Engelsen hadden het in deze Vierde Zeeoorlog gemakkelijk. Ze veroverden Hollandse handelsposten in Oost- en West-Indië en bij de Vrede in 1784 verloor de voc, die op sterven na dood was, het monopolie op de handel in specerijen. De patriotten gaven de stadhouder de schuld van alle ellende. Ze wilden van hem af. Hijzelf was zich er maar al te zeer van bewust dat hij voor het ambt niet deugde. Volledig overstuur zou hij aan het begin van de oorlog hebben uitgeroepen: 'Was ik maar dood, was mijn vader maar nooit stadhouder geworden.' Voor het eerst in de geschiedenis, zo zou blijken, was de levensstandaard in de Republiek lager dan in Engeland.

Kool planten

Met de beëindiging van de Vierde Engelse Zeeoorlog kwam na twee eeuwen trouwe dienst ook een eind aan de Engelse en Schotse brigades, die sinds de Opstand deel uitmaakten van het Staatse leger. De Britse militairen kwamen voor korte of langere tijd naar de Republiek, bleven Brits, en konden, volgens een verdrag, terug naar eigen land geroepen worden. De Schotse en Engelse brigades hadden de voorgaande drie Zeeoorlogen overleefd, maar nu moesten de militairen kiezen tussen een eed van trouw aan de koning of aan de Staten-Generaal. De meesten kozen voor de koning. Maar in de loop der jaren waren tienduizenden van deze 'gastsoldaten', vooral Schotten, van vader op zoon naar Holland gekomen. Ze trouwden met Hollandse meisjes, bleven en keerden niet meer terug naar de Schotse *highlands*. Hun kinderen waren van geen kaaskop te onderscheiden. Aeneas Mackay, telg uit een Schots geslacht van militairen, bracht het tot minister-president (1788-1793).

Een aantal Britse militairen dat bleef sloot zich aan bij de vrijkorpsen van de patriotten en dienden, na de Franse Revolutie in 1789, samen met de patriotten in een Bataafs legioen van het Franse republikeinse leger. Zij droomden van de revolutie.

De Franse revolutionairen beloofden de 'reactionaire stadhouder' en zijn handlangers te zullen verdrijven. Tevergeefs probeerde George III, die ook bang werd voor de republikeinse stemming in zijn land, neef Willem en zijn Orangisten met geheime giften en militairen aan de macht te houden. Hij vreesde dat als de Fransen Holland zouden veroveren, ze een ideale springplank hadden om de sprong naar Engeland te wagen.

De 'bevrijding' begon in 1794, en na de verovering van Utrecht en Arnhem midden januari 1795, vluchtte het stadhouderlijk gezin vanaf het Scheveningse strand naar oom George in Londen. De stadhouder werd begeleid door twee lakeien, zijn schip was beladen met kunstschatten en kisten vol goud en juwelen. De dieren uit de stadhouderlijke menagerie moest hij achterlaten; twee van zijn olifanten, Hans en Parkie, gingen als oorlogsbuit naar Parijs.

Willem mocht een paar weken in het kleine Kew Palace bij de huidige Kew Gardens logeren, en daarna in Hampton Court Palace, waar zijn grote voorganger, de Oranjevorst koning-stadhouder Willem III, door de mol van zijn paard was geworpen. Willem III woonde er als overwinnaar en veroveraar, Willem V als vluchteling, verbannen uit eigen land. Volgens de roddelbladen vermaakte hij zich kostelijk met zijn dienst- en kamermeisjes.

Van de bijna spreekwoordelijke verstrengeling tussen beide landen was niets over dan de zijden draad waar George III 'de dikke neef met het blotebillengezicht' aan liet bengelen. Nooit heeft de vlag van Oranje er zo droef en treurig bij gehangen. Maar Willem was opgelucht. Eindelijk was hij vrij en kon hij, zoals hij zo graag wilde, kool gaan planten op het veld.

13. Koning en amfibie

1795-1839

Hop Marjanneke, stroop in 't kanneke.
Laat de poppetjes dansen.
Eerst was er een prins in 't land.
Nu die kale Fransen.

Willem v vermaakte zich in Engeland en de kale Fransen joegen een frisse wind door de Bataafse Republiek, zoals het land voortaan zou heten. Eindelijk waren de patriotten aan de macht. Aan de Oranjes, symbool van een slap, reactionair en corrupt bewind, was even geen behoefte meer. Een fluwelen revolutie, zonder guillotine en bloederige wraak, lag in het verschiet. Het idealisme en enthousiasme waren er niet minder om. Al snel besloot de Bataafse vloot samen met de Fransen naar Ierland te varen om via de achterdeur Engeland te veroveren. Zo had Lodewijk xiv ook koning-stadhouder Willem iii van de troon proberen te stoten.

Nog vóór de dappere Bataven, zoals de Hollanders werden genoemd, waren vertrokken, werden ze in oktober 1797 door de Engelsen verslagen in de Slag bij Camperduin. Het gebulder van de kanonnen was tot in Alkmaar te horen. De lucht was zwart gekleurd van de kruitdampen, de ondergang van de wereld leek nabij. De zee kolkte rood van het bloed, lijken spoelden aan op het strand. Deze gedenkwaardige zee-

De slag bij Camperduin in oktober 1797. De zee kolkte rood van het bloed.

slag bij Camperduin, schreef de Britse historicus Kenneth Haley, betekende een waardig vertrek van de Nederlanders uit de ereliga van grote zeemogendheden. Helaas trokken de Engelsen en de Oranjebannelingen een verkeerde conclusie. Zij dachten dat de Hollanders niet wilden vechten onder Bataafse vlag en dat de tijd al rijp was voor de terugkeer van Oranje.

Een kleine twee jaar later, in de zomer van 1799, waagden de Britten een poging om de stadhouder in ere te herstellen. Ze kwamen weer aan wal in Noord-Holland, tussen Petten en Callantsoog. Sluw en slim voerden de Engelse schepen de Oranjevlag. De Oranjegezinde matrozen van de Bataafse marine waren overdonderd en weigerden te vechten. Het leek, zoals voorspeld, vlot te gaan en Willem Frederik, de zoon van de stadhouder en de latere koning Willem I, dacht al in triomf Amsterdam binnen te kunnen rijden. De tsaar van Rusland, die ook niet van Napoleon hield, stuurde versterkingen, maar toen ging het mis. De bevolking kwam niet in opstand. De boeren wilden wel paarden en aardappelen aan de Engelsen en Russen verkopen, maar verder keken ze volgens een verslaggever met de pijp in de mond naar wat er gebeurde. Ze liepen niet warm voor Oranje. Het Bataafs-Franse leger bleek veel te sterk. Bij Hoorn, Alkmaar, Bergen en Castricum werd hard gevochten; de sporen daarvan zijn nooit helemaal gewist. Er vielen vele honderden doden en in oktober, twee maanden na de invasie, bliezen de Engelsen en Russen de aftocht.

Toelage

In Londen zag de verbannen stadhouder Willem v het somber in. Hij vreesde dat Napoleon ook de Hollandse koloniën zou inpikken en gaf daarom de gouverneurs in Oost- en West-Indië het bevel het bestuur tijdelijk aan de Britten over te dragen. Een vriendelijk gebaar naar zijn gastheer, oom George, de koning, die langzaam maar zeker zijn verstand verloor. Willem kreeg weliswaar een jaarlijkse toelage van zijn oom, maar toch besloot hij naar Duitsland te vertrekken. Op het Oranjeslot bij Dietz voelde hij zich meer thuis. Zijn vrouw Willemien was de zus van de koning van Pruisen. Hij deed, bijna opgelucht, afstand van het stadhouderschap en erkende de Bataafse Republiek, in de hoop dat Napoleon hem hiervoor zou belonen met gebieden in Duitsland. Inderdaad, Napoleon schonk de familie Oranje-Nassau het bisdom Fulda, de plek waar Bonifatius, die door de Friezen werd vermoord, is begraven. Verder kregen de Oranjes enkele abdijen en steden, in het bijzonder de rijksstad Dortmund.

Van de Engelsen was even niets te verwachten. Zij hadden het te druk met Napoleon, die zichzelf in 1804 tot keizer had gekroond en alles in het werk stelde om Engeland militair en economisch te vernietigen. Napoleon verbood alle handel met Engeland en benoemde in 1806 zijn broer Lodewijk Napoleon tot koning van Holland. De Bataafse Republiek werd koninkrijk Holland.

Willem stierf in hetzelfde jaar en werd in Duitsland begraven. Toen hij honderdvijftig jaar later bijgezet werd in de grafkelder van de Oranjes in Delft, wenste koningin Wilhelmina niet aanwezig te zijn bij de herbegrafenis van deze 'slappeling'. Lodewijk Napoleon, beroemd om zijn eerste woorden in het openbaar: 'Ik ben konijn van Olland', bleek een hervormingsgezind en geliefd koning. Holland werd een modern, centraal bestuurd land. Hij liet de handel en smokkel met Engeland oogluikend toe.

Maar de Engelsen bleven vrezen voor een Franse invasie en in het najaar van 1809 ondernamen zij een nieuwe poging om met een vloot van maar liefst 166 schepen en 38.000 militairen de Fransen uit de Lage Landen te verdrijven. Deze keer gingen ze in Walcheren aan wal. Het werd een rampzalige klucht, alles scheen verkeerd te moeten gaan, de minister van Oorlog, Lord Castlereagh, en de minister van Buitenlandse Zaken, George Canning, hadden zo de pest aan elkaar en kregen zo'n ruzie over het Zeeuws offensief dat Castlereagh zijn collega Canning uitdaagde tot een duel. Dit societyschandaal werd op Putney Heath bij Londen onder grote belangstelling uitgevochten. Canning had nog nooit een pistool in handen gehad, schreef een afscheidsbrief aan zijn vrouw en miste, daarna ketste een kogel af op een knoop van Castlereaghs jas. Castlereagh raakte Canning in de dij. Beide ministers moesten aftreden, maar zij zouden snel weer terugkeren. Lord Castlereagh werd de grote Britse voorman bij het Congres van Wenen en Canning bracht het zelfs heel even tot minister-president.

Spotprent over het duel tussen de Britse ministers Castlereagh en Canning. Zij konden het niet eens worden over de beste tactiek om Napoleon uit Holland te verdrijven.

Schildpad

Met de graaf van Chatham, de bevelhebber van de Britse troepen in Zeeland, liep het slechter af. Chatham was aartslui, kwam pas tegen de middag uit zijn bed en werd spottend 'wijlen de graaf' genoemd, omdat hij altijd te laat of niet op zijn afspraken verscheen. Hij bekommerde zich meer om het welzijn van zijn reuzenschildpad dan om dat van zijn manschappen. Voor deze schildpad, die hij op zijn campagnes als talisman meevoerde, had de excentrieke graaf een speciale kar laten maken. Chatham hield niet van halve maatregelen en bestookte de Zeeuwen met zoveel kanonvuur dat zij de Engelsen als vijanden en de Fransen zelfs even als vrienden beschouwden.

Daarbij werd het Britse invasieleger overvallen door een koorts die beschreven is als een combinatie van malaria, tyfus en dysenterie. De epidemie eiste duizenden slachtoffers. Lord Chatham werd ontslagen en keerde roemloos met zijn schildpad terug naar zijn burcht, de plek waar Michiel de Ruyter eens de kettingen over de Thames stuk had gevaren. Napoleon kreeg genoeg van al het gezeur. In 1810 lijfde hij het koninkrijk Holland in bij Frankrijk. Nederland werd een Franse provincie, waar Franse regels en Franse wetten golden.

Het verzet tegen Frankrijk groeide, de handelsboycot, de dienstplicht en de hoge belastingen om Napoleons veldtochten te financieren verlamden het dagelijks leven. Om een voorbeeld te geven: van de vijftienduizend Nederlanders die in het leger van Napoleon naar Rusland werden gestuurd, brachten slechts een paar honderd het er levend vanaf. Zo kon het niet doorgaan. Het tij keerde, in oktober 1813 werd Napoleon in de Volkerenslag bij Leipzig verslagen en naar het eiland Elba verbannen. In Nederland braken rellen uit en de Franse bezettingstroepen verlieten het land.

Onder voogdij

Drie Haagse Oranjegezinde regenten onder leiding van Gijsbert Karel van Hogendorp zonnen op de terugkeer van de Oranjes en gingen op zoek naar prins Willem Frederik, de zoon van de overleden Willem v die ook, net als zijn vader, naar Duitsland was gegaan. Hij bleek echter sinds april weer terug in Engeland te zijn en stond te popelen om de macht in Holland over te nemen, maar dat mocht natuurlijk niemand weten. Hij moest het spel voorzichtig spelen en zonder toestemming van de Britten, begreep hij, zou het niet lukken. Van Hogendorp had er alle vertrouwen in, de Engelsen zouden hem zeker ter wille zijn. Van Hogendorp noemde Engeland niet alleen onze 'natuurlijke', maar zelfs 'natuurlijkste' bondgenoot. Lord Castlereagh, de gerehabiliteerde duellist, sprak over 'een bijna romantische wens om Holland te dienen'.

Zo ontstond een *special relationship*, zoals de historicus Niek van Sas betoogt in zijn indrukwekkende *Onze natuurlijkste bondgenoot: Nederland, Engeland en Europa, 1813-1831*. Maar louter romantisch was deze speciale relatie ook weer niet. De verbondenheid tussen beide landen kwam vooral voort uit welgemeend eigenbelang; eigenbelang zowel van Engeland als van Nederland.

Voor Engeland bleef de verslagen erfvijand Frankrijk het grote gevaar. Het moest daarom door sterke bufferstaten aan zijn grenzen ingekapseld worden. Een stabiel en onafhankelijk Nederland was essentieel voor de Britse veiligheid. Maar Nederland begreep dat zonder steun van Engeland die onafhankelijkheid niet mogelijk was. Nederland kwam onder Britse voogdij. Het zou niets kunnen en niets mogen zonder goedkeuring uit Londen.

De Nederlandse kust bleef als vanouds voor de Engelsen van groot strategisch belang. Nederland vormde de ideale uitvalsbasis of aanlegsteiger op het vasteland. In de ogen van de Europese mogendheden werd Nederland een Britse vazalstaat. De Engelsen hadden het voor het zeggen. Liever hadden zij Willems zoon, de latere koning Willem II, op de troon gezet. Hij had in Oxford gestudeerd en als jonge, begerenswaardige prins was hij bij de Engelsen veel geliefder dan zijn vader, die weleens een 'Duits potentaatje' zou kunnen worden.

Zeesoldaten

Maar uiteindelijk mocht de vader terug naar Holland. Op 26 november 1813 vertrok hij in het Engelse oorlogsschip Warrior, vergezeld van de Britse ambassadeur graaf Clancarty, die als een goede raadsman voorlopig niet van zijn zijde zou wijken. Vanwege het slechte weer kon Willem pas op 30 november landen op het strand van Scheveningen, vanwaar hij bijna

Aankomst in Scheveningen van de toekomstige koning Willem I, onder strenge begeleiding van Britse zeesoldaten op 30 november 1813.

dertig jaar tevoren met zijn vader het land uit was gevlucht. Hij was toen drieëntwintig jaar. Het strand werd nu bewaakt door tweehonderdveertig Britse zeesoldaten, die een dag eerder door twee vervaarlijke oorlogsschepen aan land waren gezet; alles zorgvuldig voorbereid en georkestreerd. Bij de invasie in Noord-Holland veertien jaar eerder ging het fout, toen kon hij Amsterdam niet bereiken. Het bleef onzeker of hij deze keer wel de steun van het volk zou krijgen.

Weliswaar was vrijwel iedereen de Franse bezetting beu, maar wilde men wel weer terug naar die goede oude tijd van de Republiek met haar stadhouder? Goddank, het volk reageerde enthousiast, eerst tijdens een stralende intocht in Den Haag en daarna op 2 december in Amsterdam, de nieuwe hoofdstad. Overal werd Willem toegejuicht, het was weer 'Oranje boven' en Lord Clancarty, die naast hem in het rijtuig zat, was tevreden. Daar in Amsterdam werd Willem niet zoals verwacht uitgeroepen tot stadhouder Willem VI, maar tot 'soeverein vorst'. Wat dit inhield wist niemand – het bleek een opstapje naar het koningschap te zijn.

Willem droomde, zoals ook een Oranjevorst betaamt, van een groot en flink rijk. Hij aasde op de Zuidelijke Nederlanden, het huidige België, waar Oostenrijk vanaf wilde; daarnaast maakte hij aanspraak op een gebied in Duitsland, tot aan de Moezel en de Rijn. Engeland stemde in met België, maar verder niet: Nederland mocht niet in de Duitse invloedssfeer raken.

In de zomer van 1814 besloten de Europese mogendheden op het Congres van Wenen, ook wel het Dansend Congres genoemd, Europa als een traditionele Sachertorte te verdelen. Willem kreeg twee stukjes. De Noordelijke en Zuidelijke Nederlanden werden verenigd tot één stevig koninkrijk dat niet gauw kon worden weggeblazen. Hij werd verheven tot koning, maar hij moest het stamland Nassau en de Duitse gebieden die zijn vader van Napoleon had gekregen afstaan. Als troost voor deze dynastieke pijn kreeg koning Willem I het bestuur over hertogdom Luxemburg. Maar het fort Luxemburg zou voor alle zekerheid wel door het Pruisische leger worden verdedigd. Oostenrijk verwierf in ruil voor België het dichterbij gelegen Venetië.

Gesjoemel

Na veel gekrakeel en gesjoemel riep Willem zich op 16 maart 1815 uit tot koning van het Verenigd Koninkrijk der Nederlanden. Maar het feest was nog niet voorbij of er kwamen berichten dat Napoleon, die uit zijn ballingsoord Elba was ontsnapt, met een groot leger op weg was naar Parijs. Hij zou ongetwijfeld doorstoten naar het noorden, en dan Pruisen en de Nederlanden willen heroveren.

De Britse veldheer, de hertog van Wellington, haastte zich naar België, vormde in allerijl met de Nederlanders en Pruisen een leger. Drie maanden later hoorde hij op een dansfeest in Brussel dat Napoleon met zijn troepen voor de poorten van de stad stond. Dat was schrikken. De volgende dag, op 16 juni, mocht de tweeëntwintigjarige kroonprins Willem, de latere koning Willem II, laten zien wat hij waard was. Als bevelhebber van het zeventienduizend man sterke Nederlandse leger, een kwart van de geallieerde troepenmacht, wist hij samen met de Pruisen en Britten Napoleon tegen te houden op het kruispunt Quatre Bras. Zonder meer een grote prestatie voor zo'n jonge commandant. Twee dagen later, op 18 juni, toen Wellington bij Waterloo Napoleon de genadeslag toebracht, vocht de onstuimige Willem weer als een leeuw. Hij raakte lichtgewond aan zijn schouder en werd naar eigen zeggen de held van de dag.

Zo'n Oranjeheld kon het kersverse koninkrijk goed gebruiken. Zijn vechtlust, inzicht en liefde voor zijn vaderland kregen mythische vormen. Wie werd niet ontroerd door het immense schilderij *De slag bij Waterloo* van Jan Willem Pieneman, die de gewonde prins op een brancard afbeeldde. Het schilderij reisde het hele land door en hangt nu in het Rijksmuseum.

De Britse pers deed, net als een eeuw tevoren bij de Slag bij Blenheim, of er bij Waterloo geen Hollanders hadden meegevochten. En als de Britten het over Willem, *Silly Billy*, hadden, schreven ze uitsluitend over zijn 'roekeloze blunders', over zijn soldaten die hij de dood in joeg en die bij bosjes deserteerden. Langzamerhand oordelen ook de Britse historici wat aardiger over Willem, maar nog steeds houdt het niet over.

Charlotte

Ongetwijfeld speelde er iets anders mee: liefde en leedvermaak. In het jaar ervoor, 1814, had Willem de bons gekregen van zijn verloofde. Tot vreugde van het Britse volk zou hij gaan trouwen met de Engelse kroonprinses Charlotte. Er was al geregeld dat de twee koninkrijken gescheiden zouden blijven. Hun eerste zoon zou koning van Engeland worden en hun tweede koning van Nederland. Maar de vrijgevochten Charlotte had er ineens genoeg van en werd verliefd op Leopold van Saksen-Coburg, de latere eerste koning der Belgen. Charlotte stierf op eenentwintigjarige leeftijd in het kraambed. Ze is nooit koningin geworden, noch van Engeland, noch van België.

Charlotte had een ongelukkige jeugd. Haar ouders (de latere koning George IV en Caroline van Brunswijk) hadden vanaf de eerste ontmoeting een gruwelijke hekel aan elkaar en leefden gescheiden.

De Engelse kroonprinses Charlotte, die de latere koning Leopold van België verkoos boven onze Willem II.

Bij zijn kroning in de Westminster Abbey mocht zijn vrouw er niet bij zijn. Ze bonsde op de gesloten deuren en riep: 'Laat mij erin, ik ben de koningin.' Het mocht niet baten. Ze werd door speciaal ingehuurde uitsmijters uit de onderwereld weggejaagd en stierf kort daarna. De nieuwe koning, George IV, die zijn voormalige vijand Napoleon in pracht en praal wilde overtreffen en Londen even groots en majestueus als Parijs wilde maken, werd alom gehaat en geminacht. Bij zijn dood schreef de keurige krant *The Times*: 'Nooit werd iemand door zijn medemensen minder betreurd dan deze overleden koning.' Willem zal blij geweest zijn dat George IV nooit zijn schoonvader was geworden.

Willem, de held van Waterloo, koos voor de dochter van de Russische tsaar, Anna Pavlona. De tsaar was maar wat blij, ook om politieke redenen. Hij wilde de *special relationship* met Engeland ondermijnen. De tsaar beschouwde Nederland als een Engelse provincie op het Europese continent. Via zijn dochter wilde hij Nederland naar het oosten trekken, weg van Engeland.

Spotten

Van een sprookjeshuwelijk met de Engelse kroonprinses is het dus niet gekomen, maar afgezien van het spotten over de heldendaden bij Waterloo, deed de teleurstelling de verhoudingen geen schade. De Britten kregen vertrouwen in Willem I, de koopman-koning, die het nieuwe koninkrijk onder Britse vleugels economisch sterk en stabiel trachtte te maken. Alleen een stevig Nederland kon een hongerig Frankrijk weerstaan. Nederlandse schepen konden weliswaar geen kettingen meer doorvaren en geen zeeën met de bezem in de mast schoonvegen, maar Nederland bleef toch nog altijd een zeemogendheid waar weinig landen tegenop konden. En het was ook in Engels belang om de koloniën die Engeland tijdens de napoleontische oorlogen had beheerd, terug te geven. Het paste bij de *special relationship*. Maar Engeland gaf niet alles terug. Kaap de Goede Hoop, waar Jan van Riebeeck in 1652 aan wal stapte, en Ceylon (het huidige Sri Lanka) waar de 'Dutch Burghers' tot eind van de twintigste eeuw de derde bevolkingsgroep vormden, deze koloniën, waar de Hollandse erfenis nog altijd duidelijk zichtbaar is, bleven in Engelse handen.

De Britten waren alleen bereid tot teruggave als de Nederlanders zouden stoppen met de slavenhandel. In navolging van het verlichte republikeinse Frankrijk, dat al in 1794 (althans in theorie) de slavernij had afgeschaft, was ook in Engeland een krachtige abolitiebeweging ontstaan. Algehele afschaffing van de slavernij was nog te veel gevraagd; ophouden met de handel in slaven, waar de Hollanders eens het monopolie op hadden gehad, was al heel wat. Nederland stemde in met de eis, niet om humanitaire redenen, maar omdat het niet anders kon. Willem had tevergeefs nog even tegengesparteld met de opmerking dat hij het zelf wel zou willen, maar dat het voor zijn volk een stap te ver ging. Engeland schafte in 1833 de slavernij af, Nederland pas in 1863. Het ging Engeland vooral om zwarte slaven. Toen het jonge koninkrijk Nederland zijn handel in de Middellandse Zee wilde herstellen en de Engelsen vroeg ook op te treden tegen handelaren in christenslaven aan de Afrikaanse noordkust – het tegenwoordige Libië, Tunis, Algiers en Marokko – was het antwoord dat dit niet paste in het Britse beleid. De Engelsen hadden er op dat moment niet direct last van. 'Ons ware beleid,' zei de staatsman George Canning, 'is altijd geweest om zo weinig mogelijk in te grijpen, maar als het moet dan met harde hand.'

Het Verenigd Europa

Het paste in het Britse beleid Europa te verdelen in regionale invloedssferen waar de landen hun eigen boontjes moesten doppen. Zij geloofden in een *splendid isolation*, zodat zij zich op hun koloniën, het wereldrijk konden richten. Voor de Britten was het van het grootste belang dat in Europa het evenwicht, *the balance of power*, werd bewaard en voorkomen werd dat er één grote natie ontstond die andere landen zou bedreigen, zoals het geval was geweest met Frankrijk onder Lodewijk XIV en Napoleon. Regelmatig kwamen de Europese leiders bijeen om te zien of de landen zich wel hielden aan de gemaakte afspraken. Aan de status quo mocht niet gemorreld worden. Pogingen en suggesties om die bijeenkomsten tot een instituut, een Europese Raad, te maken, werden door Engeland fanatiek verworpen. De Britten verzetten zich toen al tegen een Verenigd Europa dat van bovenaf de Europese naties de les zou lezen; een opvatting die nooit is veranderd.

De filosoof en historicus Sir James Mackintosh, die als jongeman de Franse Revolutie in eerste instantie had verdedigd, schreef na de val van Napoleon dat hij zich schromelijk had vergist. De Franse Revolutie was een fatale mislukking geworden, legde hij uit. 'Wij weten, of liever, we hebben gezien en gevoeld dat een regering niet zoiets is als een machine, een gebouw, of mensenwerk – nee het is het werk van de natuur, zoals de edele producten uit de planten- en dierenwereld die de mensen kunnen verbeteren, en corrumperen, ja zelfs vernietigen, maar nooit kunnen creëren.' Deze conservatieve gedachte is, nu twee eeuwen later, niet wezenlijk verdwenen. De Europese Unie is, in Britse ogen, van bovenaf bedacht, niet vanuit het volk gegroeid.

Mackintosh keerde zich, als zoveel Britten, tegen de ratio. De Britse politiek, met haar huiver voor dogma en planning, gaf en geeft nog altijd veel ruimte aan gevoelens en instincten. Net als nu ontstond in de postnapoleontische jaren een levendige discussie over de vraag hoe Europees de Britse eilandbewoners waren. God had niet zonder reden een slotgracht om de Britse eilanden gelegd, '*this sceptred isle... this blessed plot, this earth, this realm, this England*', zoals Shakespeare schreef. De Britten, meende de achttiende-eeuwse politicus en Tory-filosoof Lord Bolingbroke, zijn insulair, maar niet afgescheiden van het continent. 'Als andere amfibieën moeten wij zo nu en dan op het droge komen, maar in het water zijn wij pas echt in ons element, en in het water vinden wij, als die andere amfibieën onze grootste veiligheid, onze ware kracht.'

De Lage Landen werden, in navolging van Engeland, een broedplaats waar de amfibieën, vluchtelingen en dissidenten hun ideeën mochten verkondigen. Al snel vroeg Frankrijk om de uitlevering van Republikeinse politieke vluchtelingen die in boeken, pamfletten en spottekeningen ageerden tegen koning Lodewijk XVIII, die na de val van Napoleon op de troon was gekomen. Met steun van Londen weigerde koning Willem I daaraan mee te werken, wat in andere, conservatieve hoofdsteden kwaad bloed zette. Door de eeuwen heen was Nederland verguisd en geprezen om zijn recht op vrije meningsuiting en de opvang van politieke vluchtelingen. Nederland bleef een buitenbeentje op het Europees toneel. Dankzij de *special relationship* kon Nederland zich handhaven.

De industriële revolutie

De Franse vluchtelingen waren Nederland en Engeland dankbaar voor de vrijheid van meningsuiting, maar als gevolg van het herstel van de vrije handel kreeg de Zuid-Nederlandse industrie het moeilijk. Napoleon had de handel met Engeland vrijwel onmogelijk gemaakt en de Zuidelijke Nederlanden hadden van deze handelsoorlog kunnen profiteren. De Zuidelijke Nederlanden hadden zich al heel vroeg, veel eerder dan de Noordelijke Nederlanden, kunnen industrialiseren. Maar nu waren de grenzen weer open en Engeland, dat de Franse Revolutie had weerstaan, plukte de vruchten van zijn eigen revolutie, de industriële revolutie. Engeland werd *the workshop of the world*. Daar konden de Zuidelijke Nederlanden niet tegenop. Fabrieken sloten, duizenden arbeiders werden werkloos. Boze burgers verbrandden Britse producten, Engelse bezoekers werden lastiggevallen en progressieve Europeanen, nog altijd bevlogen door de beginselen van de Franse Revolutie, kozen Engeland als de gemeenschappelijke zondebok die buiten het Europese continent gehouden moest worden.

In 1830 brak in de opera in Brussel de opstand uit tegen 'de Hollandse onderdrukkers'. Vanzelfsprekend rekende Willem I op hulp uit Engeland. Maar Engeland dacht daar anders over. Londen was, evenals de andere Europese mogendheden, tot de conclusie gekomen dat de samenvoeging van de Noordelijke en Zuidelijke Nederlanden niet werkte, de twee landen vormden geen organisch geheel. Ze waren te ver uit elkaar gegroeid. Engeland wenste geen Europese oorlog te riskeren, en Lord Palmerston, de Britse minister van Buitenlandse Zaken, besloot samen met de Franse koning Lodewijk Philippe een onafhankelijke Belgische staat te vormen. Willem bleef zich halsstarrig verzetten, zelfs toen de Britten samen met de Fransen een handelsembargo afkondigden en een blokkade opwierpen voor de Hollandse kust. Eindelijk, in 1839, gaf Willem I zijn verzet op, hij trad af en vertrok naar Duitsland.

Aanvankelijk leek het erop dat Willems zoon, de held van Waterloo, de eerste koning van België zou worden, maar weer was Leopold van Saksen-Coburg hem te snel af. Eerst troggelde Leopold prinses Charlotte van hem af, en nu ook de Belgische koningskroon. Leopold was de oom van koningin Victoria. Hij was nauw betrokken bij haar opvoeding en koppelde haar aan zijn neefje prins Albert van Saksen-Coburg. Het bleek een goede keuze, Victoria en Albert hadden een gelukkig huwelijk.

Het verlies van België werd nauwelijks betreurd. Het geamputeerde koninkrijk der Nederlanden bleek, gesteund door een golf van nationale gevoelens, sterk genoeg om op eigen benen verder te gaan. De *special relationship* met Engeland verbleekte, maar ondanks wrijvingen en conflicten bleef een natuurlijke verbondenheid bestaan tussen het grote Engeland en het kleine Nederland. De historicus Johan Huizinga zou een kleine eeuw later schrijven: 'Wij horen aan de Atlantische kant. Ons zwaartepunt ligt op en overzee. Ons gezelschap is dat der westelijke volken, van het grote volk in de eerste plaats dat de moderne staatsorde schiep en nog de vrijheid handhaaft.'

14. Zij draagt het haar nog los

1839-1900

Saai

Even zag het ernaar uit dat de toekomstige koningin Victoria dan toch weer met een prins van Oranje zou trouwen. Victoria was zeventien jaar en een prinses die wist wat ze wilde. Haar oom, de zieke koning William IV, die ze snel zou opvolgen, had in Den Haag de 'ideale kandidaat' gevonden, prins Alexander, de lievelingszoon van de aanstaande Nederlandse koning Willem II.

Er werd een intiem familiefeest georganiseerd op Kensington Palace, het paleis dat de koning-stadhouder had laten bouwen en waar William en Kate tegenwoordig wonen. Willem II, die indertijd zelf als huwelijkskandidaat door de wispelturige kroonprinses Charlotte was afgewezen, droomde van revanche. Nerveus vertrok hij met Alexander en diens grote broer, de toekomstige Willem III, naar Londen. De dag na het feest, op 31 mei 1836, schreef hij: 'Gisteravond was er een bal aan het Hof en mijn kinderen hebben gedanst met prinses Victoria. Zij is erg klein van stuk, maar aantrekkelijk met een intelligente, heldere blik. Ik zei tegen mezelf, ze heeft als vrouw wat Alexander heeft als man.' Kortom, Alexander en Victoria waren voor elkaar bestemd.

De kleine Victoria dacht er anders over. Zij schreef in een brief: 'De jongens zijn erg gewoon, ze zien er saai en angstig uit, en ze zijn absoluut niet innemend.' Met Alexander is het slecht afgelopen, hij stierf op dertigjarige leeftijd 'zonder ooit een vrouw gekend te hebben', vertelde zijn schoonzus, koningin Sophie. Hij was volgens haar 'een man zonder diepgang' en had 'wrede trekjes'. Toch was prins Alexander ook een pionier. Hij was de eerste Oranje die zich liet fotograferen en de eerste die op een fiets reed. Zo werd hij de grondlegger van de *cycling monarchy*.

Op het debutantenbal in mei raakte Victoria, tot ergernis en verdriet van haar oom de koning, op slag verliefd op haar Duitse volle neef, prins Albert van Saksen-Coburg: 'Hij heeft alle eigenschappen om mij volmaakt gelukkig te maken.' Victoria en Albert trouwden met elkaar, en inderdaad: ze werden heel gelukkig. Ze kregen negen kinderen en meer dan veertig kleinkinderen, die over heel Europa, Rusland en Zuid-Amerika uitvlogen. De Duitse keizer Wilhelm II, die in 1914 Engeland de oorlog verklaarde, was Victoria's eerste kleinkind. Nederland bleef zo'n beetje het enige koninkrijk waar geen kind of kleinkind van koningin Victoria, de 'Grootmoeder van Europa', op de troon kwam.

Tijdens Victoria's drieënzestig jaar lange bewind bereikte Engeland het toppunt van zijn wereldmacht en Albert zag het als zijn bijna goddelijke opdracht dit eiland met zijn groene weiden, maar ook met zijn helse fabrieken, kinderarbeid en erbarmelijke armoe, te smeden tot een modern, geïndustrialiseerd paradijs. Symbool van zijn idealisme was *The Great Exhibition* in 1851, de eerste Grote Wereldtentoonstelling; weliswaar door Frankrijk bedacht, maar de Fransen konden het plan niet snel uitvoeren, omdat zij, als veel andere landen, te zeer gekant waren tegen open grenzen, vrijhandel en concurrentie. Albert daarentegen droomde van een vredelievende economische gemeenschap *of all nations*. 'Handel,' zo schreef de populaire victoriaanse quaker, feminist en weldoenster Priscilla Wakefield, 'blijkt een door de Voorzienigheid geschonken gave, niet alleen om bepaalde naties te verrijken, maar ook om mensen van verschillende kleur, gewoontes en religie te verenigen; en allen tot één niveau te brengen van waarheid en zuiverheid.'

De tentoonstelling in het gietijzeren Crystal Palace in Hyde Park kwam als een openbaring, waar bezoekers uit de hele wereld getuige van wilden zijn. Dit was de stralende toekomst en van alle uitvindingen die het leven zouden verrijken kreeg – heel Engels, heel praktisch en laag-bij-de-gronds – de wc, het watercloset, het meeste bekijks. Nederland was met kunstnijverheid en wat koloniale producten ook vertegenwoordigd op deze futuristische wereldmanifestatie; als een kleine natie, bescheiden en onwennig.

De zon

Na het verlies van België probeerde het geamputeerde Nederland zijn eigen weg te vinden. Nederland bleef, gesteund en beschermd door de Britten, drijven op zijn handel en de koloniën overzee. Na Engeland, het opkomende Amerika en Frankrijk had Nederland toch nog altijd de grootste vloot ter wereld. Maar misschien wel als gevolg van die lucratieve zeehandel kwam de industrialisatie wat traag op gang; in Duitsland en België ging de trein eerder rijden.

Nederland volgde het goede voorbeeld en besloot ook fabrieken te gaan bouwen, vooral, meende de regering hooggestemd, om werkloosheid, honger en hoge kindersterfte op het platteland te bestrijden. Maar de vraag bleef waar en hoe dat moest gebeuren. Het verhaal gaat dat de Britse textielingenieur Thomas Ainsworth, op weg naar huis na een zakenreis door Duitsland, in hotel De Zon in Hengelo toevallig de secretaris van de door koning Willem I opgerichte Nederlandsche Handelsmaatschappij ontmoette. Ainsworth zou hebben gezegd: 'Geef mij de snelspoel en een Twentse jongen en ik zal u in korte tijd calicots [gebleekte katoen] leveren, zoveel gij wilt.' Zo zou deze Engelsman de grondlegger van de Twentse textielindustrie zijn geworden. In de veertiende eeuw introduceerden Vlamingen en Hollanders het weefgetouw in Engeland en nu, vijf eeuwen later, brachten de Engelsen de weverijen en spinnerijen terug.

Als gevolg van de industrialisatie kreeg Nederland meer aandacht voor het Duitse achterland. Nederland kroop het land op, en Duitsland werd een belangrijk afzetgebied. Zeker na de opening van de Nieuwe Waterweg in 1872 werd Rotterdam de grote toevoerhaven naar het Ruhrgebied, vooral ook van steenkool uit Newcastle. En omdat alles met alles te maken heeft, werd met de komst van de stoomboot het Westland, dat aan de Nieuwe Waterweg grenst, de achtertuin van Engeland; groente, fruit en bloemen om de bleekneusjes in Londen en andere industriesteden wat gezonder en vrolijker te maken. En als dank kreeg Nederland in diezelfde tijd de eerste cricketbats, ovale rugby- en ronde voetballen uit Engeland, als souvenirs verpakt in de hutkoffers van Hollandse jongens die op de dure *public schools* geleerd hadden dat sport nodig was voor *character building*, het vormen van karakter.

Het was een missie, maar wel anders dan het zendingswerk van het Leger des Heils dat, opgericht door de sociaal bewogen predikant William Booth in de sloppen van Londens East End, in 1887 in Amsterdam begon aan zijn Nederlandse offensief. Ook de socialisten keken naar Engeland. Zij voelden zich aangetrokken tot William Morris, de schrijver, dichter, redenaar, boekdrukkunstenaar, ontwerper van meubelen, behang en tapijten, politicus en militant activist. Over hem schreef Henri Polak, de oprichter van de Diamantwerkersbond: 'De socialistische ridder zonder vrees of blaam, de man die meer en beter dan iemand anders bewezen heeft dat het socialisme niet is de dood van de kunst, doch dat het integendeel de enige hoop is voor haar toekomst.'

Vanuit Nederland vertrok de Friese kunstenaar Lourens Alma Tadema naar Engeland. Hij maakte kennis met William Morris, richtte met hem het Genootschap voor het Behoud van Oude Gebouwen op (de latere Monumentenzorg) en liet zich nationaliseren tot Brits onderdaan. Lourens werd Lawrence en koningin Victoria sloeg hem tot ridder. Als onderwerpen voor zijn schilderijen koos hij graag taferelen uit de Klassieke Oudheid, de Romeinse beschaving en decadentie. In de Angelsaksische wereld werd Sir Lawrence Alma-Tadema de best betaalde en meest gevierde kunstenaar van zijn tijd. Zijn stoffelijk overschot rust in de St Paul's Cathedral, tussen andere grote Britse helden als admiraal Nelson. Vincent van Gogh daarentegen woonde slechts drie jaar, van 1873 tot 1876, in en om Londen; onopgemerkt en zonder vrienden. Hij was door een Haagse kunsthandel, waar hij als twintigjarige stagiair werkte, overgeplaatst naar Londen. Vincent keek zijn ogen uit en schreef aan zijn broer Theo: '*I love London.*' Urenlang wandelde hij door de stad en langs de Thames en werd verliefd op de dochter van zijn hospita. Zijn liefde werd niet beantwoord, hij vereenzaamde, verloor zijn baan, zag de armoe, las Dickens en vond steun bij God. Hij werd hulponderwijzer op een christelijke jongensschool, waar hij gelukkig was. Maar het geluk en de rust vertrouwde hij niet. Hij overwoog te midden van de paupers en verschoppelingen zendeling in Londen te worden en hield als hulppredikant zijn eerste preken. Ook maakte hij weleens een tekening, bezocht musea, maar het idee om kunstenaar te worden kwam niet of nauwelijks bij hem op. Met Kerstmis 1876 ging hij naar zijn ouders in Etten en kwam tot zijn spijt nooit meer in Engeland terug. Onlangs besloot Tate Britain als een stil protest tegen de Brexit een grote tentoonstelling, *Van Gogh and Britain*, te houden, over de invloed van Vincent van Gogh op de Britse kunst.

Preuts

Wilhelmina, die als meisje van tien bij de dood van haar vader in 1890 koningin was geworden, bracht in 1895 haar eerste bezoek aan Engeland; samen met haar moeder, de koningin-regentes Emma. Ze kwam kennismaken met koningin Victoria. De contacten met het Engelse koningshuis waren beleefd, maar verre van innig. De preutse, maar zeer uitgesproken Victoria had weinig goede woorden voor Wilhelmina's vader, Willem III. Zij meende dat hij zijn eerste vrouw, koningin Sophie, van wie hij gescheiden leefde, honds had behandeld. Zijn tweede huwelijk, met de piepjonge Emma, was in haar ogen ongepast. Maar Victoria was toch vertederd toen Willem op zijn oude dag nog zo'n lief dochtertje kreeg. Koningin Emma zou bewijzen dat het Huis van Oranje met dit stralende koninginnetje een rijke toekomst had.

Koningin Emma en koningin Wilhelmina reisden incognito, onder de naam Van Buren (die de huidige koning Willem-Alexander op zijn roemruchte Elfstedentocht ook gebruikte). Maar al snel lekte het nieuws uit en schreven de kranten over de historische ontmoeting van de oudste en de jongste koningin van Europa. Victoria was vijfenzeventig jaar en zat al bijna veertig jaar op de troon. Wilhelmina was nog net geen vijftien, en zou op haar achttiende worden ingehuldigd.

De kennismaking op Windsor Castle verliep naar wens. In haar dagboek schreef Victoria: 'De jonge koningin draagt het haar nog los. Ze is slank en elegant, en maakt de indruk een heel intelligent en slim meisje te zijn. Ze spreekt uitstekend

Deze foto van het bezoek in 1895 van Wilhelmina, de jongste koningin van Europa, aan Victoria, de oudste koningin, bleek nooit te zijn gemaakt. Twee foto's waren aan elkaar geplakt.

Engels en ze gedraagt zich vriendelijk en charmant.' Een lieve, aandoenlijke foto van de twee koninginnen verscheen in geïllustreerde bladen; later bleek dat er gefoezeld was, dat twee bestaande portretfoto's naast elkaar waren gelegd.

Wilhelmina bleef veertien dagen in Engeland. Ze had het druk, bezocht musea en bleek dol te zijn op winkelen in de grote warenhuizen. Ze keek haar ogen uit. Londen overweldigde haar. Ze raakte onder de indruk van de Westminster Abbey, waar sinds 1066 de Engelse koningen worden gekroond en de Oranjevorst, de koning-stadhouder Willem III, begraven ligt. Bij de rondleiding in het Lagerhuis werd haar in dankbaarheid verteld dat Willem met de Bill of Rights de grondslag had gelegd voor de constitutionele monarchie waarbij de macht bij het parlement was komen te liggen.

Bagehot

Met de teloorgang van de koninklijke macht had zowel in Engeland als in Nederland de vorst aan gezag en respect ingeboet. Bij de begrafenis van Wilhelmina's vader, Willem III, was het zo'n janboel dat er zelfs een vuilniswagen in de stoet meereed. In deze chaos en verwarring – zeg ik met grote trots – kon mijn vader tijdens zijn eerste grote opdracht als beginnend journalist, vol bravoure in de Nieuwe Kerk in Delft zijn notitieboekje op de lijkkist van de koning leggen. Zo maakte hij zijn aantekeningen. In deze rumoerige tijd van opstanden en revoluties zagen koningin Victoria en de koningin-regentes Emma het als hun opdracht het aanzien en het gezag van de monarch in ere te herstellen.

De twee vorstinnen, maar vooral hun adviseurs, vonden steun bij Walter Bagehot, de bankier en hoofdredacteur van *The Economist*, die in 1867 een verhandeling, *The English Constitution*, schreef over de voor- en nadelen van de monarchie.

Nog altijd wordt Bagehot zowel in Engeland als Nederland geraadpleegd als de vormgever van de moderne monarchie. Bagehot ging ervan uit dat 'zolang het menselijk hart sterk is en het menselijk verstand zwak blijft, de monarchie sterk zal blijven, omdat de monarchie appelleert aan een waaier van gevoelens'.

Daarom, meende Bagehot, zelf een verlicht republikein, was het beter voorlopig het hart te volgen en de leegte die was ontstaan door het machtsverlies te vullen met een mooi sprookje. Houd het 'Geheim van het Paleis' in ere, zei hij, en besef dat de magie van het koningshuis het daglicht niet kan verdragen. Dat lieten de Britten zich geen twee keer zeggen. Om het sprookje kracht bij te zetten werden tijdens het lange bewind van Victoria 'eeuwenoude' tradities en rituelen uitgevonden om het verhaal meer diepte en inhoud te geven. Sindsdien zijn de Engelse sprookjeshuwelijken, kroningen en begrafenissen niet te overtreffen. Toen de oude koningin Elizabeth samen met James Bond per parachute landde in het Olympisch Stadion van Londen om de Olympische Spelen van 2012 te openen, raakten commentatoren, historici en analisten niet uitgesproken over de sociaal-culturele en politieke betekenis van deze koninklijke sprong.

De Schoolmeester

Na de liederlijke uitspattingen van haar voorgangers wilde Victoria een voorbeeld van deugd voor haar onderdanen zijn. Ze werd de koningin van het burgerlijk fatsoen. Voor aristocraten golden de fatsoensregels natuurlijk niet. Haar zoon, de latere koning Edward VII, en zijn goede vriend Wiwill, de vroeg gestorven halfbroer van koningin Wilhelmina, vermaakten zich kostelijk in de nachtclubs en bordelen van Parijs. Maar voor de gewone burger was het behelpen met die victoriaanse deugden en hypocrisie, zoals de Schoolmeester, de dichter Gerrit van de Linde, die als kostschoolhouder in Londen zijn brood verdiende, moest ervaren. Hij verzuchtte:

> Als soms de booze lusten van het vleesch je mogen kwellen,
> zou ik je maar raden om je weet wel wat ik meen tot in Holland uit te stellen,
> want de Engelsche hoeren
> zal niemand je recommanderen
> ze liggen net als bevroren monumenten in de veren.
> En om te maken dat een Engelsche hoer-vrouw onder het naayen een beetje leeft,
> zou je er een ander onder moeten leggen die den hik heeft.

Met dit 'tot in Holland uit te stellen' vertelde de Schoolmeester dat het reizen tussen beide landen gewoon was geworden. Geregelde lijndiensten van Vlissingen en Hellevoetsluis naar Engeland bestonden al vanaf de zeventiende eeuw. In 1893 werd de dagelijkse veerdienst tussen Hoek van Holland en Harwich, met aansluitende boottreinen naar Duitsland en Londen, geopend. Al gauw werd Hoek van Holland voor de victoriaanse Engelsman een romantisch begrip, het begin van een reis vol vrijheid en avontuur. Er kwam zelfs een musical, *Miss Hook of Holland*, die tot in de jaren vijftig van de vorige eeuw volle zalen trok. De musical in voorbeeldig Hollandse klederdracht draaide ook op Broadway in New York en toerde door Australië. Engelse kunstenaars ontdekten Volendam, de vissers, de mooie meisjes, de lieve kinderen, allemaal in quasi-Volendammer kostuum.

Ook het bezoek van de jonge Wilhelmina aan Londen had een romantisch tintje. Wilhelmina vermoedde dat de kennismaking met koningin Victoria, schrijft Cees Fasseur in zijn biografie van Wilhelmina, ook te maken had 'met het oog op

De musical Miss Hook of Holland, jarenlang een groot succes.

later', wat volgens hem zou kunnen betekenen: met het oog op mogelijke trouwplannen. Wilhelmina was pas veertien en misschien was ze daar niet mee bezig, maar, zegt Fasseur, Victoria was dat zeker wel. Een Engelse prins? Victoria, de laatste telg uit het huis van Hannover, was ervan overtuigd dat Wilhelmina 'vanwege de anti-Duitse gevoelens in Nederland' zeker geen Duitse prins zou trouwen.

De Boerenoorlog

Het liep allemaal anders dan Victoria had gedacht. Wilhelmina trouwde wél een Duitse prins en Nederland kreeg geen anti-Duitse, maar anti-Engelse gevoelens. Dat kwam door de Boerenoorlogen in het verre Zuid-Afrika.

In de zeventiende eeuw hadden Jan van Riebeeck en zijn voc-kornuiten Kaap de Goede Hoop veroverd. Dit zuidelijke puntje van Afrika werd de pleisterplaats voor schepen op doorreis naar het rijke Indië. Maar in 1806, tijdens de napoleontische oorlogen, bezetten de Britten de Kaapkolonie, als bescherming tegen de Fransen die op Hollandse koloniën aasden. Het zou tijdelijk zijn, zo beloofden de Britten, maar ze gaven de kolonie niet terug. Nederland was er niet echt rouwig om. Voor de boeren in Zuid-Afrika, de kolonisten van Hollandse afkomst, was weinig belangstelling. Ze golden als dom, achterlijk, schijnheilig en wreed. In 1833 hadden de Engelsen de slavernij afgeschaft en dat was voor de godvrezende boeren de voornaamste aanleiding tot de legendarische Grote Trek. Te voet, te paard en met de ossenwagen trokken de boerenfamilies honderden kilometers door de woestijn naar het noorden, in navolging van Mozes en zijn vlucht uit Egypte. Zij vormden hun eigen boerenrepublieken, Transvaal en Oranje Vrijstaat. Met de Bijbel in de hand verdedigden de streng christelijke boeren het recht om slaven tc houden. Nederlandse zendelingen die slavernij veroordeelden waren niet welkom.

De Britten en boeren lieten elkaar met rust tot er in Transvaal goud en diamanten werden gevonden. De Boeren wilden de Britse avonturiers weren en er ontstonden spanningen. De Britten annexeerden de twee republieken. In 1880 verklaarde de president van Transvaal, de grote 'Boerenleider' Paul Kruger, oftewel oom Paul, Engeland de oorlog. De Boeren bezorgden de Britten een verrassende nederlaag en plotseling werd met bewondering gesproken over de stamverwanten die met hun taal, vlag en geuzenbloed zo nauw met het oude vaderland verbonden waren. De Eerste Boerenoorlog maakte Nederland wakker en bij het uitbreken van de Tweede Boerenoorlog in 1899 stond het hele land strijdlustig achter 'oom Paul' en het belaagde broedervolk. Vriendschapscomités werden opgericht, petities ingediend, giften ingezameld, kerkdiensten gehouden, gedichten geschreven en in een lange brief aan koningin Victoria vroeg Wilhelmina haar het niet tot een oorlog te laten komen. Victoria antwoordde kort en krachtig dat alles afhing van Kruger. Kort tevoren was de Boerenleider, die niet bekendstond om zijn verfijnde manieren, te gast geweest op Buckingham Palace en had daar tot verbijstering van koningin Victoria laten zien dat hij hete koffie snel op kon drinken door het uit te schenken op het schoteltje.

De leeuw van Modderspruit

Ook bij de Duitse keizer klopte Wilhelmina tevergeefs aan. De Duitsers leefden mee, er waren demonstraties en betogingen in Berlijn en andere steden, maar de keizer liet weten geen Europese oorlog te riskeren met het machtige Engeland. Zo dacht de Nederlandse regering er ook over, tot spijt van Wilhelmina; er werden geen troepen naar Zuid-Afrika gestuurd. Nederland was te nietig om een actieve militaire rol te spelen in internationale conflicten. Het had verkozen neutraal te blijven en zou zich beroepen op zijn morele superioriteit.

Vrijwilligers vertrokken wel naar Zuid-Afrika om tegen de Britten te vechten. Toen koningin Wilhelmina had gehoord dat een vriendin van haar als verpleegster naar Zuid-Afrika wilde gaan, schreef ze in een brief: 'Daartoe zou ik tegenwoordig niet in staat zijn met mijn onverzoenlijke haat tegen dat (Britse) volk. Ja, inderdaad ik kan bijna aan niets anders denken dan aan de Boeren.' Abraham Kuyper, de oprichter van de gereformeerde Anti-Revolutionaire Partij, beschuldigde de Britten er openlijk van de Boeren te willen uitmoorden. Ongelijk had hij niet. De Britten pasten de tactiek van de verschroeide aarde toe, en in de beruchte Britse internerings- of concentratiekampen kwamen achtentwintigduizend vrouwen en kinderen om het leven. Europa was geschokt.

Kruger moest vluchten en als bewijs van goede wil kwam het Nederlandse oorlogsschip De Gelderland hem in het najaar van 1900 ophalen. Hij werd door koningin Wilhelmina ontvangen en overal werd oom Paul uitbundig begroet als profeet en verdediger van Neêrlands bloed. Er waaide, nog zo kort na de inhuldiging van de mooie jon-

De jongensboeken van de christelijke schrijver Louwrens Penning waren razend populair.

ge koningin, een zwoele wind van nationalisme door het land. Nederland was op zoek naar zichzelf, het verleden werd opgedist en bovendien bestond bij sommigen de stille vrees dat Duitsland het kleine Nederland wilde opslokken. Transvaal en Oranje Vrijstaat werden in gedachten verheven tot de twee provincies overzee, waar het nog zuivere vaderlandse erfgoed verdedigd moest worden. Deze 'gevoelens van het hart' werden gevoed door razend populaire jongensboeken als *De leeuw van Modderspruit* en *De held van Spionkop* van de streng christelijke schrijver Louwrens Penning. Penning was nooit in Zuid-Afrika geweest, maar dat hoefde ook niet. In de felle propagandaoorlog verschenen zelfs foto's van Britse concentratiekampen en moordende Boeren die, zo bleek later, in fotostudio's in Engeland en Nederland gemaakt waren.

Winston Churchill, de latere minister-president, maakte furore als oorlogscorrespondent in Cuba, Soedan en nu in Zuid-Afrika. Spannend beschreef de sterreporter, die alles durfde, hoe hij door de boeren gevangen werd genomen en wist te ontsnappen. Zijn oordeel over de 'laagsten van het Teutoonse ras', zoals hij de Boeren en de Hollanders eens noemde, was niet mals. Gemakshalve scheerde hij hen over één kam. Zowel Churchill als koningin Wilhelmina, die in 1940 naar Engeland vluchtte, zou vergeten wat zij eens gezegd hadden. Vijandschap veranderde in vriendschap; toch heeft Churchill de eerste ervaring met de 'Hollandse Boeren' nooit helemaal weg kunnen poetsen in zijn oordeel over Nederland, de trouwe vriend en bondgenoot.

De jonge sterreporter Winston Churchill na zijn ontsnapping uit Boerengevangenschap.

15. Oorlog en spel

1900-1940

Boze herinneringen

Nederland bleef in de Eerste Wereldoorlog neutraal. Winston Churchill, de jonge Britse minister van Marine, beschreef 'deze lafheid' als het 'ultieme bewijs van Nederlandse onbetrouwbaarheid'. Misschien, wie zal het zeggen, waren het de boze herinneringen aan de Boerenoorlog. En, het is waar, sinds de opstand van de stamgenoten in het verre Zuid-Afrika, was de liefde voor de Engelsen aardig bekoeld. Britse diplomaten meenden zelfs dat Nederland in een oorlog de zijde van Duitsland zou kiezen. Verwonderlijk was dat niet. De banden met de oosterburen waren de afgelopen jaren alleen maar sterker geworden. De Duitse industrie groeide en bloeide; voor opleidingen aan universiteiten en hogescholen, conservatoria en kunstacademies hoefde je maar even de grens over. De Duitse literatuur, kunst en muziek spraken de Nederlanders aan. En iedereen was het erover eens, Duitse producten waren degelijk en van hoge kwaliteit.

De Britten konden de ontwikkelingen nauwelijks bijhouden. De eerste automobielen waar de Engelse koning Edward VII, de zoon van koningin Victoria, in rondreed, waren een Duitse Mercedes en een Franse Renault. Ja, vergeet de Fransen niet, met de Eiffeltoren als het onweerstaanbare symbool van de Verlichting en vooruitgang.

Dat koning Edward, die in 1901 op de troon was gekomen, in auto's van vreemde makelij reed, namen de Engelsen voor lief. Hij hield van Frankrijk en de Duitse keizer was zijn grote neef. Maar toen de Duitsers ook koloniale aspiraties kregen, de ene scheepswerf na de andere aan grote riviermondingen verrees en die aardige keizer een oorlogsvloot ging bouwen die de Britse armada moest overtreffen, waren de Britten *not amused*.

Om de wereld dit nog eens helder en duidelijk te maken werd na de dood van Edward, in de zomer van 1911, bij de kroning van George v, de grootste vlootschouw uit de geschiedenis van het Britse wereldrijk gehouden. Vanuit alle windstreken kwamen koningen, prinsen en admiraals in hun mooiste gala-uniformen eer betuigen aan koning George en diens onoverwinnelijke vloot 'wier macht immers over de vrede in heel de beschaafde wereld beschikt'. Het was de Pax Britannica, het *Britannia rules the waves*. In de kranten werd de kilometerslange vlootparade aan de Engelse zuidkust beschreven als een sprookje van afschrikwekkende schoonheid, een betoverend schouwspel dat niemand ooit zou kunnen vergeten; en ondertussen bouwde keizer Wilhelm driftig voort.

Nederland ging bij zichzelf te rade. Het wilde geen burenruzie en als moreel hoogstaande natie zou het zich inzetten voor het bewaren van de vrede. Een bewonderenswaardig streven dat beloond werd met de bouw van het Vredespaleis in Den Haag. Maar er was ook een andere reden om geen kleur te bekennen: de vrees dat als wij in een oorlog verzeild zouden raken, de vijand net als in de napoleontische oorlogen de overzeese gebiedsdelen zou afpakken. Wij waren te klein en niet meer in staat om als in de goede, oude tijd zelf de koloniën te beschermen en te verdedigen. Neutraliteit was daarom het beste middel om te voorkomen dat Java, Sumatra, Suriname of Curaçao door een vijand zou worden bezet. Toen Nederland volgens de Britten zich te stug en streng hield aan de regels van de neutraliteit en zich zelfs 'vijandig gedroeg', dreigden ze, al dan niet als grap, Indië in te nemen.

Ameland

Aan het begin van de oorlog had Winston Churchill het plan bedacht om de Duitse havensteden vanuit het westen, de Waddeneilanden, aan te vallen en niet vanuit Noord-Frankrijk en Vlaanderen, waar, zoals hij had gewaarschuwd, een bloedbad zou ontstaan. In het diepste geheim hadden Britse experts de mogelijkheden op de Wadden bestudeerd, aanvankelijk ging de voorkeur uit naar Ameland, later werd het Terschelling, maar het neutrale Nederland weigerde toestemming te geven. Churchill was verontwaardigd, toch toonde zowel Engeland als Duitsland zich tevreden met de situatie.

De Britten hoefden niet te vrezen dat Duitsland vanaf de Nederlandse kust Engeland zou bestoken en binnenvallen. En de Duitsers zagen Rotterdam als een ideale doorvoerhaven voor voedsel en grondstoffen. Om de toegang tot de haven te verhinderen legden de Britten zeemijnen voor de kust. Zij controleerden koopvaardijschepen op 'smokkelwaar' en namen verdachte schepen in beslag, ondanks fel protest van de Nederlandse regering. Ook de Duitsers lieten zich niet onbetuigd. Hun onderzeeboten torpedeerden tientallen koopvaardijschepen, waarbij vele honderden zeelieden om het leven kwamen. Als gevolg hiervan ontstond in het hele land een tekort aan voedsel, steenkool en olie. Om de impasse te doorbreken sloten grote bedrijven een overeenkomst met de Britten, met de garantie geen verboden goederen naar Duitsland te smokkelen. Het heeft geholpen: Rotterdam kon ademhalen, maar de mazen in de wet waren groot. Heel wat reders en fabrikanten hebben in de Eerste Wereldoorlog een aardig centje bijverdiend aan handel met Duitsland, maar ook met Engeland. Henri Deterding, een Amsterdammer, vriend van Churchill en president-directeur van de Koninklijke Shell, werd zelfs in de Britse adelstand opgenomen voor zijn hulp *to float the Allies to victory on a sea of oil.* Hij kon er, levend als een lord op zijn landgoed in Ascot, een prachtige kunstverzameling van aanleggen die hij bij zijn pensionering schonk aan het Rijksmuseum, het Mauritshuis en Museum Boijmans Van Beuningen in Rotterdam.

Spionnen

Rotterdam was in de oorlogsjaren 1914-1918 het belangrijkste spionagenest voor zowel Britten als Duitsers. De Duitsers hielden kantoor in het Witte Huis aan de Geldersekade, lange tijd de hoogste wolkenkrabber van Europa. De Britten zaten bij de Uranium Steamship Company aan de Boompjes, een scheepvaartmaatschappij die voor pogroms gevluchte Russische en Oost-Europese Joden goedkoop naar Amerika bracht. Directeur Richard Tinsley was tevens Engelands belangrijkste spion, die in Rotterdam, als de spin in het web, informatie inwon uit Duitsland en het westelijk front. De Nederlandse autoriteiten waren van de spionageactiviteiten op de hoogte, maar lieten de spionnen met rust op voorwaarde dat ze over elkaars doen en laten kwamen klikken. Spionnen werkten vooral in de handelskantoren, de havens en de kroegen. De Duitsers rekruteerden ook Nederlanders, zoals twee zeelieden Willem Roos en Haicke Janssen.

Vermomd als handelsreizigers in sigaren vertrokken zij in mei 1915 naar Engeland. Ze hadden de opdracht in de Engelse havens schepen te tellen en te achterhalen wat hun volgende bestemming was. 's Avonds telegrafeerden zij de bestellingen voor de sigaren door naar hun werkgever Dierks en

Co, een dekmantel voor de Duitse spionagedienst, zoals de Britse MI5 wist. Vrijwel meteen liepen ze tegen de lamp. De mannen hadden weliswaar een prijslijst van sigaren bij zich, maar ook een tijdschrift met afbeeldingen van de Engelse oorlogsschepen. Daar hadden ze van alles in gekrabbeld. Zij ontkenden te spioneren, maar konden niet duidelijk maken waarom ze in de havens sigaren wilden verkopen, terwijl iedereen wist dat zeelieden pijp en sigaretten rookten. Een Britse krijgsraad heeft hen, simpel en onnozel als ze waren, ter dood veroordeeld. Op 30 juli 1915 zijn ze in de Tower van Londen geëxecuteerd. Haicke Janssen als eerste, zonder blinddoek, om zes uur in de ochtend, Willem Roos tien minuten later, omdat hij eerst nog een sigaret mocht roken. Een getuige van de executie prees hun koelbloedigheid en stoere minachting voor de omstanders. Het waren 'dappere mannen'.

Timbertown Follies

Een van de vele verrassingen waar de Nederlandse grensbewaking mee te maken kreeg, was – tussen de meer dan een miljoen Belgische vluchtelingen – de komst van een voltallige Britse brigade, de First Royal Navy Brigade van ruim vijftienhonderd man die uitgeput en sommigen zelfs op kousenvoeten bij Sluis in Zeeuws-Vlaanderen de grens over wandelden. Het waren reservisten oftewel zaterdagmiddagsoldaten die, niet of nauwelijks getraind, in allerijl vanuit Engeland naar België waren gestuurd om Antwerpen te helpen ontzetten. Nog voor ze een schot hadden kunnen lossen moesten ze de aftocht blazen en hadden toen de trein gemist. De trein die hen naar de boot terug naar Engeland had zullen brengen was al vertrokken. Ze wilden zich niet als krijgsgevangenen aan de Duitsers overgeven, en zijn toen maar naar Nederland gelopen. Daar werden ze ontwapend en geïnterneerd in houten barakken op het terrein van de Mesdaggevangenis in Groningen; het Engelse Kamp, dat de Engelsen Timbertown doopten. Ze moesten er, volgens de internationale neutraliteitsregels, de hele oorlog blijven. Het was niet toegestaan hen te repatriëren uit vrees dat ze dan, gezond en uitgerust, weer zouden gaan vechten. Een enkeling probeerde overmand door schuldgevoel te vluchten, maar vrijwel altijd tevergeefs.

Veel van deze reservisten waren jonge vissers en landbouwknechten uit de onherbergzame Hebrideneilanden ten westen van Schotland, vaak jonger dan ze gezegd hadden. Onder de reservisten zaten ook veteranen, oud-stokers en oudgedienden die nog iets nuttigs voor hun land hadden willen doen. Verveling werd de nieuwe vijand, maar voetballen konden ze als de besten. Aan de Nederlandse voetbalcompetitie mochten ze niet meedoen, maar de Timbertowners wonnen wel de Groninger Dagbladbeker. Uitblinkers speelden met speciale toestemming bij Nederlandse clubs, anderen werden scheidsrechter of trainer en zo werd het Groningse Be Quick twee jaar na de oorlog, in 1920, dankzij de Engelse inbreng landskampioen.

De mannen, schreef Menno Wielinga in zijn *Het Engelse Kamp: Groningen 1914-1918*, speelden toneel, zongen in koren en met het cabaretgezelschap Timbertown Follies toerden zij door het hele land. Zij breiden truien voor de marine, tekenden en schilderden, gingen in kleine groepjes naar de film en werden verliefd. Ze mochten of moesten trouwen met Groningse meisjes en kregen toestemming een of twee keer per week bij hun echtgenotes in de stad te overnachten, maar alleen als er een bewaker meekwam.

Na vier lange jaren, toen de oorlog eindelijk voorbij was, kwam het roerend afscheid. Deze keer misten ze de trein niet.

Baden-Powell

De oorlog was voorbij en de banden met Engeland werden aangehaald. De KLM ging vliegen op Londen – de eerste vaste lijndienst – en al meteen in 1919 kreeg het University College of London als bewijs van de eeuwenlange verbondenheid de leerstoel *Dutch History*. De historicus Pieter Geyl werd de eerste hoogleraar. Een jaar later werd het Genootschap Nederland-Engeland opgericht. De padvinders van Lord Baden-Powell, de Britse militair die tijdens de Boerenoorlog zijn ideeën over moed, trouw en kameraadschap had opgedaan, kwamen ook hier zingen: 'Hoort, zegt het voort'. Op 1 januari 1930 ontstond Unilever, uit een fusie van de Nederlandse Margarine Unie van Jurgens en Van den Bergh met de Britse zeepfabrikant Lever Brothers. Unilever en de Koninklijke Shell, de twee Engels-Nederlandse bedrijven, zouden uitgroeien tot de grootste multinationals ter wereld. Nog altijd is het een raadsel hoe dat met die grote cultuurverschillen tussen beide landen is gelukt.

Begrepen de Hollanders beter dan anderen hoe die Britten in elkaar zaten? Het werd in het interbellum een sport om de Engelse ziel te ontleden. Professor Geyl dook – het was zijn opdracht – de geschiedenis in, maar zijn opvolger G.J. Renier, die tijdens de Eerste Wereldoorlog uit België naar Engeland was gevlucht, wilde ook weten wie en wat de Engelsman bewoog.

Hij schreef *The English. Are They Human?* dat in 1931 verscheen en tot aan de Tweede Wereldoorlog herdruk op herdruk beleefde. Het was op zich al bijzonder en veelzeggend hoe de Engelsen zich met masochistisch genoegen en zelfspot door deze *bloody foreigner* lieten kastijden. Renier zette hen te kijk als een professor in de collegezaal, vroeg of zij wel mens waren en kwam tot de conclusie dat Engelsen weinig waarde hechtten aan de absolute waarheid. Het zoeken

The Great Exhibition van 1851 in het gietijzeren Crystal Palace in Hyde Park als symbool van een vredelievende, economische gemeenschap van alle volkeren.

De Friese Lourens oftewel Sir Lawrence Alma Tadema werd met zijn liefde voor decadentie en klassieke oudheid Engelands best betaalde Victoriaans kunstenaar. *The Finding of Moses* uit 1904 bracht in 2010 bij een veiling in New York 27 miljoen euro op.

Willem III, oftewel King Billy, wint op 12 juli 1690 de Slag aan de Boyne, een overwinning die nog ieder jaar met Oranjemarsen en veel tromgeroffel in Noord-Ierland wordt herdacht.

Souvenirbord ter ere van de kroning van William en Mary.

Jan Willem Pieneman maakte het beroemde schilderij van de Slag bij Waterloo op 18 juni 1815. Centraal, de hertog van Wellington, de bevelhebber van het Brits-Nederlandse leger. Linksvoor de gewonde held van Waterloo, de latere koning Willem II.

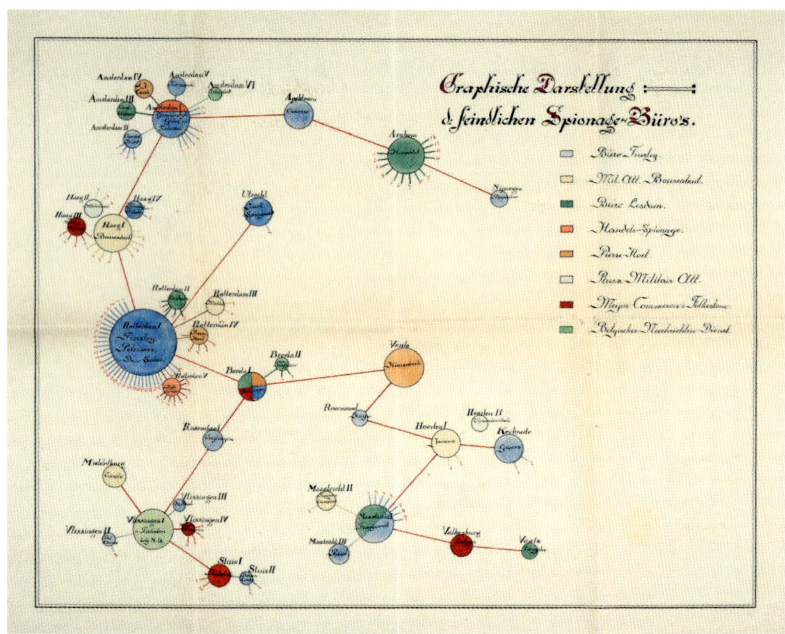

Een door de Duitsers in de Eerste Wereldoorlog gemaakte kaart met centra van Britse spionagediensten in Nederland. Rotterdam was het belangrijkste spionagenest voor Britten en Duitsers.

Standbeeld van Dennis Bergkamp bij Arsenals Emirates Stadium *'immortalising a true fan's favourite, a unique footballer'.*

naar de waarheid en de zin van het leven was iets voor zwaarmoedige Duitsers en misschien ook voor Nederlanders. De Engelsman wist dat dat pijnigen van de geest tijdverspilling was. Hij had ontdekt dat het in het leven niet om de inhoud ging, maar om de vorm. Ja, sterker nog, de Engelse gentleman had ontdekt dat alleen de vorm bestond, het uiterlijk, het drama, het spel, de rituelen, de humor, ironie en zelfspot; in het parlement, op het sportveld, op straat, kantoor en in de pub. Deze ontdekking, stelde Renier vast, was Engelands grote bijdrage aan de menselijke beschaving.

Homo ludens

In 1938 publiceerde een andere Nederlander, Johan Huizinga, de beroemde historicus en schrijver van *Herfsttij der Middeleeuwen*, zijn *Homo ludens*, de spelende mens, dat ook – maar anders dan Reniers luchthartige openbaring – met bewondering door de Britten werd ontvangen. Huizinga zocht naar de oorsprong van het spelen en het spel waar kinderen mee opgroeien en waar hun leven door wordt bepaald. Alles wat mensen samen doen, schreef Huizinga, is spel. Het spel heeft

Het omslag van de bestseller van de Nederlandse historicus professor G.J. Renier.

regels en rituelen, vormt culturen, het is ernstig, de inzet kan hoog zijn, een strijd om leven en dood, maar het spelelement blijft. Huizinga prees het Britse fair play en stelde het – net voor het uitbreken van de Tweede Wereldoorlog tegenover het valse spel van Hitler en de nazi's. Hitlers spel was een angstige, kwaadaardige vertoning zonder eer en geweten, verbeten en zonder humor; de humor, die Renier omschreef als 'het vermogen van de meeste Engelsen om te lachen en op zijn minst te glimlachen in omstandigheden waarin normale mensen gaan vloeken of huilen'.

Op 10 mei 1940, de dag waarop Duitsers Nederland binnenvielen, werd Winston Churchill, die al jaren had gewaarschuwd voor het valse spel van Hitler en de nazi's, premier van Engeland. Koningin Wilhelmina verwoordde de verloochening van de spelregels iets anders toen zij diezelfde dag een 'vlammend protest' richtte 'tegen deze voorbeeldenloze schending van goede trouw en aantasting van wat tussen beschaafde staten behoorlijk is'.

Ze vluchtte op 13 mei met een Britse torpedojager naar Engeland, waar ze door koning George VI werd ontvangen op Buckingham Palace. Een halve eeuw nadat ze, nog met loshangend haar, als jongste koningin van Europa bij de oude koningin Victoria op de thee was geweest.

Koningin Wilhelmina en haar dochter prinses Juliana veilig in Engeland na hun vlucht uit Nederland op 13 mei 1940.

16. De helden raken vermoeid

1940-1964

Dorpsburgemeesters

Onthutst en ontredderd kozen ook de ministers het hazenpad. Ze gingen de koningin achterna richting Londen. Al op 14 mei 1940 hield het kabinet in het Grosvenor Hotel aan Hyde Park zijn eerste kabinetsvergadering, 'als een stelletje dorpsburgemeesters in een vreemde grote stad', schreef de eerbiedwaardige *Nieuwe Rotterdamsche Courant.* De heren waren doodmoe, angstig en prikkelbaar. Rotterdam werd die dag gebombardeerd en zij konden niets doen. Nederland capituleerde een dag later en Winston Churchill zou smalend in zijn memoires over die Hollanders schrijven: 'Ze zijn volkomen egoïstisch en vochten pas toen ze werden aangevallen en toen slechts voor een paar uur.' Nietwaar, mijnheer Churchill, het waren vijf dagen.

De ministers in Londen wisten hoe Churchill over hen dacht. Een paar maanden eerder, in januari, had hij, als minister van Marine, in een radiotoespraak Nederland en andere neutrale landen ervan beschuldigd 'nederig het hoofd te buigen en, bevreesd voor Duits geweld, zich te troosten met de gedachte dat de geallieerden toch wel zullen winnen'. Met deze schrobbering in het hoofd was Eelco van Kleffens, de minister van Buitenlandse Zaken, al meteen op 10 mei, de dag van de Duitse invasie, met een watervliegtuig naar

Engeland gevlogen om hulp te vragen. Hij landde op het strand van Brighton, joeg badgasten de stuipen op het lijf en meldde zich bij Winston Churchill in Londen. Sinds enkele uren was hij de nieuwe premier. Churchill had medelijden met de arme man en vroeg zijn vrouw Clementine hem iets te eten te geven, maar verder kon hij niets voor hem doen. Want, zoals Churchill in zijn eerste toespraak als premier zou zeggen: 'Wij hebben niets te bieden dan "bloed, zweet en tranen".'

De wereld was veranderd. De Nederlandse regering mocht net zoals andere regeringen in ballingschap (van de Belgen, Luxemburgers, Noren en Polen) voorlopig blijven en koningin Wilhelmina, onwennig op Buckingham Palace, huurde een appartement op het chique Eaton Square. Ze vond het daar te deftig en te groot en besloot kleiner te gaan wonen, om de hoek op Chester Square, waar zowel Mick Jagger als Margaret Thatcher later een huis zou kopen.

Koningin Wilhelmina wierp zich op als boegbeeld van strijd en volharding. En dat bleek nodig. Premier Dirk Jan de Geer geloofde niet in Churchills bloed, zweet en tranen en wilde zo snel mogelijk met Hitler onderhandelen. Wilhelmina was razend en ontsloeg hem, ook al mocht ze en kon ze dat grondwettelijk niet doen. Het gebeurde toch en dat maakte diepe indruk. De toon was gezet.

Wilhelmina benoemde Pieter Sjoerds Gerbrandy, de kleine Friese houwdegen met walrussnor, tot zijn opvolger. Hij en Winston Churchill mochten elkaar, beiden hielden van whisky en sigaren en net als Churchill ging Cherry Brandy, zoals Churchill Gerbrandy noemde, tijdens de Duitse bombardementen nieuwsgierig de straat op. Sir Brandy, een andere koosnaam die Churchill bedacht, verscheen zelfs in pyjama en bordeauxrode ochtendjas midden in de nacht op Piccadilly. Dat Gerbrandy bij de kennismaking met

Minister-president Gerbrandy in Londen, om zijn walrussnor en steenkolen Engels geliefd bij cartoonisten. Churchill noemde hem 'Cherry Brandy'.

Churchill zijn entree maakte met '*Goodbye, mister Churchill*' en als antwoord kreeg: 'Nu al? Dat is snel', zoals prins Bernhard dacht, wordt naar het rijk der fabelen verwezen. Wél is waar dat de parmantige Gerbrandy nauwelijks Engels sprak, snel op les moest en de Britse journalisten tot vrolijke kopij en spottekeningen inspireerde. Vrienden noemden hem het zeehondje.

Radio Oranje

Landgenoten als Jan de Hartog, de schrijver van *Hollandsch Glorie*, A. den Doolaard met zijn oppepper *Europa tegen de moffen* en Loe de Jong, die later beroemd zou worden met de tv-serie *De Bezetting*, probeerden via Radio Oranje, de stem van strijdend Nederland, het zwaarbeproefde vaderland hoop te geven en aan te moedigen. Ook koningin Wilhelmina liet zich niet onbetuigd. Zij hield achtenveertig toespraken voor Radio Oranje die aanvankelijk werden opgenomen bij haar thuis op Chester Square, maar toen ze ontdekte dat ministers 'onstuimige' zinnetjes uit haar tekst hadden weggeknipt, besloot ze voortaan rechtstreeks vanuit de BBC-studio haar volk toe te spreken.

Wilhelmina had weinig vertrouwen in haar ministers. Haar helden waren de Engelandvaarders, de mannen en vrouwen die, met gevaar voor eigen leven, naar Engeland hadden weten te ontkomen en nu als militair, piloot of spion wilden vechten voor vrijheid. Wilhelmina vroeg hen op de thee en ging bij hen op bezoek in de Oranjehaven, het clubgebouw in een souterrain op Hyde Park Place. De Soldaat van Oranje, Erik Hazelhoff Roelfzema, woonde boven het herenhuis. De koningin genoot van de gesprekken met deze moedige vrijheidsstrijders. Van hen hoorde ze wat er 'echt' in Nederland gebeurde en ze raakte ervan overtuigd dat zij beter wisten wat er onder de bevolking leefde dan haar ministers.

Gerbrandy houdt een toespraak bij de door Duitse bommen verwoeste Dutch Church.

Ook leerde ze nieuwe woorden. Toen een Engelandvaarder opmerkte dat Hitler of Mussert een klerelijer was, dacht zij dat hij aan cholera leed.

Vanaf september 1940 had Londen acht maanden lang te lijden onder bombardementen, waarbij zeker twintigduizend slachtoffers vielen en een miljoen huizen werden verwoest. Ook de Dutch Church, waar Wilhelmina graag kwam, overleefde de Blitz niet. Wilhelmina moest in schuilkelders overnachten, waarbij ze kennismaakte met gewone Londenaren. Uiteindelijk werd het voor haar te gevaarlijk om in Londen te blijven en verhuisde ze naar Stubbings House, een landgoed in een wijds park ten westen van de hoofdstad. Ze ontving er haar vrienden. Winston Churchill kwam er lunchen. Hij noemde haar 'de enige man in het Nederlands leger'. Om te ontsnappen aan de spanningen van de oorlog tekende en schetste ze, net als Churchill, buiten in de natuur. Bij slecht weer breide ze sokken 'voor onze jongens'.

Wilhelmina miste haar dochter, prinses Juliana, die met haar dochters tijdens de oorlogsjaren in Canada verbleef. Alleen haar schoonzoon, prins Bernhard, was in Londen achtergebleven. Volgens koning George was hij de enige die van de oorlog genoot. Bernhard was Wilhemina's steun en toeverlaat; ze vond het beledigend dat de Britse Inlichtingendienst MI5 hem als Duitser extra in de gaten hield. Al in de eerste oorlogsmaanden had MI5 tussen de Engelandvaarders twee Duitse spionnen ontdekt. Ze werden ter dood veroordeeld en prompt geëxecuteerd. Prins Bernhard doorstond het onderzoek van MI5 met glans. Er gaan verhalen dat hij model stond voor James Bond, de levensgenieter, avonturier en vaderlandslievende spion met het hart op de juiste plek. Ian Fleming, de auteur en bedenker van James Bond, en Bernhard kenden elkaar van de vele high-societyfeesten.

Wilhelmina raakte er steeds meer van overtuigd dat 'ons

Prins Bernhard, die model zou hebben gestaan voor James Bond, bij een nieuwe Ferrari met diens maker Enzo Ferrari.

volk wil dat Oranje het voor het zeggen heeft'. Ze wenste dat in Herrijzend Nederland de koning meer macht zou krijgen en het parlement op een zacht pitje zou staan pruttelen. De verzetsstrijders zouden het land erbovenop helpen.

De sfeer in Londen werd er tussen Wilhelmina en haar ministers niet beter op. Als premier Gerbrandy bij de koningin op bezoek ging nam hij, ook bij stralend weer, een paraplu mee om zich te beschermen tegen haar donderbuien. De minister van Oorlog, jonkheer Otto van Lidth de Jeude, schreef in zijn dagboek: 'Is H.M. wel geheel normaal?' Gerbrandy hield het niet langer uit, klapte zijn paraplu dicht en bood in januari 1945, vier maanden voor de bevrijding, zijn ontslag aan. Van de oorspronkelijke dertien ministers waren er aan het eind van de oorlog nog drie over.

Alsof dat niet genoeg was, leed het westen van Nederland onder de Hongerwinter, die duizenden mensen het leven kostte. Als gevolg van fouten en blunders van Britse generaals was de Slag om Arnhem uitgelopen op een desastreuze mislukking. De brug over de Rijn kon niet worden veroverd en bleek, zoals men later zeggen zou, een brug te ver. Vanwege die mislukking kon het westen van het land niet worden bevrijd. 'Maar,' schrijft de historicus Kenneth Haley in *The British and the Dutch*: 'De ontberingen, het moeten eten van bloembollen om in leven te blijven en het stoken van al het hout dat maar te vinden was, maakten de bevrijders des te geliefder toen zij eindelijk kwamen. Nooit eerder waren de Britten zo populair als in de eerste naoorlogse jaren.' Koningin Wilhelmina, die haar snode vernieuwingsplannen moest intrekken, werd de onomstreden redder van het vaderland.

Het ochtendgloren

In Engeland verloor Churchill, de grote oorlogsheld, al in juli 1945 de verkiezingen. De Britten wilden de oorlog vergeten en kozen, verrassend maar begrijpelijk, voor het rode ochtendgloren van socialisten en sociaaldemocraten. De Labourregering, onder leiding van Clement Attlee, introduceerde de 'gratis dokter' en het 'gratis ziekenhuis' voor iedereen, de National Health Service, waar ondanks alle problemen iedere Brit nog altijd trots op is en waar honderden Nederlandse artsen en verpleegkundigen voor werken.

Engeland was na de oorlog ernstig verzwakt. De nieuwe Labourregering had begrip voor de vrijheidsbewegingen in de koloniën en weigerde Nederlands-Indië te beschermen, zoals Churchill had beloofd en sinds de napoleontische oorlogen de gewoonte was. De Britten hadden zelfs verhinderd dat Nederlandse troepen in Java aan land kwamen om na de capitulatie van de Japanse bezetters en het uitroepen van de Indonesische onafhankelijkheid de rust te herstellen. Onder druk van Engeland en Amerika en na de bloedige politionele acties werd Indonesië in 1949 onafhankelijk.

Churchill herstelde zich van de vernederende verkiezingsnederlaag, waarschuwde voor een IJzeren Gordijn dat tussen Oost- en West-Europa gespannen werd en kwam precies een jaar na de komst van de Britse bevrijders, in mei 1946, naar Nederland. Hij maakte een ware triomftocht door de Amsterdamse grachten, ontroerde duizenden en duizenden toeschouwers met het onvergetelijke v-teken, zwaaide met

Winston Churchill pleit in Amsterdam voor een Verenigd Europa.

zijn hoge hoed, bezocht de koningin en sprak in de Haagse Ridderzaal over Willem van Oranje en Europese eenheid. Om zijn sigarenpeuken werd gevochten.

Twee jaar later kwam Churchill terug en hield in Amsterdam een fameus pleidooi voor een Verenigd Europa. Dat Verenigde Europa zou vanuit de bevolking, van onderaf, moeten groeien. Hoe dat zou moeten gebeuren zou de toekomst leren. Het is typisch Brits om geen richtlijnen te geven, geen luchtkastelen te bouwen, zoals de Fransen zo goed kunnen en waar de Britten van gruwen. Want, zeggen de Britten, alles loopt altijd anders dan je denkt. De toekomst, geloven zij, is niet te voorspellen.

Engelsen houden niet van plannen, zelfs niet bij een Brexit. Toen er eindelijk, na twee eeuwen Engels verzet, in 1987 met het graven van de Kanaaltunnel begonnen werd, toverden de Fransen bij Calais perfecte blauwdrukken en plannen tevoorschijn. Maar de Engelsen, vertelde de baas van het tunnelproject mij, leken niets te hebben voorbereid. 'Ze gingen bij Dover met schoppen en bulldozers te keer, als rugbyspelers in een scrum. Ongelooflijk, dat cultuurverschil, ik hield mijn hart vast.'

Toch is alles goed gekomen. De Fransen raakten zo nu en dan vast en dan haalden ze de Engelsen erbij. Die konden goed improviseren. Omgekeerd gaven de Fransen de Engelse tunnelbouwers weer de nodige raad. Dat was nog eens Europese samenwerking, zei de baas, blij en dankbaar.

Vera Lynn

De vraag blijft of Churchill wenste dat Engeland lid van dat Verenigd Europa moest worden. Een heikel twistpunt. Hij had immers gezegd dat als Engeland zou moeten kiezen tussen Europa en de open zee, het altijd voor de zee zou kiezen. Churchill geloofde in het British Empire en vertrouwde op de *special relationship* met Amerika. Zijn moeder kwam er vandaan. Engeland, besefte hij maar al te goed, was uitgeput door de oorlog en was niet meer in staat om zoals vroeger de vijanden in Europa uit elkaar te houden. Eeuwenlang hadden de Britten getracht de *balance of power* te handhaven, nu moesten de Europeanen het zelf maar doen in een Verenigd Europa. Engeland, zo leek het, zou vanaf de umpirestoel op het eiland de boel in de gaten houden.

Nederland kon niet langer op bescherming van Engeland rekenen en zocht zekerheid en veiligheid in Europese samenwerking, maar bleef turen over zee, naar de *White Cliffs of Dover* en Vera Lynn. Het bleef Engeland dankbaar, maar keek ook verder en richtte de blik op Uncle Sam, die zijn Marshallhulp als manna over ons land uitstrooide. De *stiff upperlip* en padvindersbroek ruilden we voor kauwgom en spijkerbroek. En in La Douce France ontdekten de Nederlanders, na al die schrale jaren, wijn, stokbrood, chansons, Picasso, Jean Paul

Sartre en Place Pigalle. Kunstenaars als Karel Appel en Simon Vinkenoog vestigden zich in de jaren vijftig in Parijs, maar Gerard van het Reve ging tegendraads naar Londen en zat er op de toneelschool. Willem Frederik Hermans daarentegen schreef, net als koningin Wilhelmina ten tijde van de Boerenoorlog: 'Ik haat dat volk.' 'Als een Engelsman liegt, is hij een rasdiplomaat, als hij steelt is het *right or wrong my country*, als hij wauwelt (*smalltalk*) heeft hij eerbied voor zijn medemens, als hij van stompzinnigheid geen bek opendoet is hij geen lompe boer, maar hult zich in hooghartig stilzwijgen, en als hij een wind laat is het een understatement.'

De Britten hadden het moeilijk. Ze hadden de oorlog gewonnen, maar de vrede verloren. Ze raakten hun wereldrijk kwijt en het verwoeste Europa kon zich beter herstellen dan het eiland dat nooit was bezet. Maar plotseling besteeg in 1953 de stralend jonge koningin Elizabeth de troon, en bracht met haar triomfantelijk blije kroning in de Westminster Abbey, dat stenen prentenboek van de Britse geschiedenis, het oude sprookje weer tot leven. Vrouwe Britannia kon opnieuw even – heel even – de wereld veroveren. Winston Churchill, met zijn geloof in het British Empire, was weer premier. In Afrika, Azië, Amerika en Europa, overal konden rijk en arm het schouwspel vol traditie, pracht en praal, met eigen ogen in zwart-wit op de televisie volgen. Voor het eerst in de geschiedenis won de tv het van de radio. Ook dat werd bejubeld als een wonder van vernieuwing en moderniteit. Ik was er getuige van. Onze leraar Engels had een televisietoestel in de klas gezet. In die les probeerde hij uit te leggen hoe belangrijk de traditie, die vermenging van *something old, something new* voor de Engelsen was.

Anders dan Churchill, de Europeaan, bekeek Labour de Europese samenwerking met argwaan. In 1951 was de Europese Gemeenschap voor Kolen en Staal opgericht, de grandioze goocheltruc om het voor Frankrijk of Duitsland onmogelijk te maken op eigen houtje nog tanks en ander wapentuig te bouwen. De soevereiniteit over eigen kolen- en staalindustrie werd overgeheveld naar een gezamenlijk Europees orgaan. In Engeland had Labour deze zware industrieën genationaliseerd en de oppermachtige Britse mijn- en staalwerkersbonden wensten geen inmenging vanuit kapitalistisch Europa. Bovendien zagen veel Britten de Europese beweging als een roomse samenzwering. Konrad Adenauer, Charles de Gaulle, het waren allemaal conservatieve katholieken. De Britse minister van Buitenlandse Zaken, de socialist Ernest Bevin, een tegenstander van het roomse Europa, zei eens dat bijgelovige mensen dachten dat een zwarte kat die de weg oversteekt ongeluk bracht. Dat gevoel had hij bij zwartrokken, een non of een pater die voor je neus de straat overstak.

Madame Tussauds

Uitgerekend de katholieke Nederlandse minister van Buitenlandse Zaken, Joseph Luns, probeerde Bevin op andere gedachten te brengen. Luns vreesde dat Frankrijk Europa zou vormen naar eigen beeld en gelijkenis en er een Groot-Frankrijk van wilde maken. De Fransen, meende Luns, droomden van een Europese Unie als een politieke grootmacht tussen de Sovjet-Unie en Angelsaksisch Amerika en Engeland. Frankrijk zou, als vanouds, streven naar een gesloten, protectionistische gemeenschap, het fort Europa. Nederland wilde de vrije handel niet opgeven. De wereldhaven Rotterdam voelde zich bedreigd. Luns begon aan zijn missie om de Britten er toch bij te halen, een moedige strijd waarvoor hij beloond zou worden met een wassen beeld naast dat van Johan Cruijff, in het Londense Madame Tussauds. (Niet onvermeld mag blijven dat ik

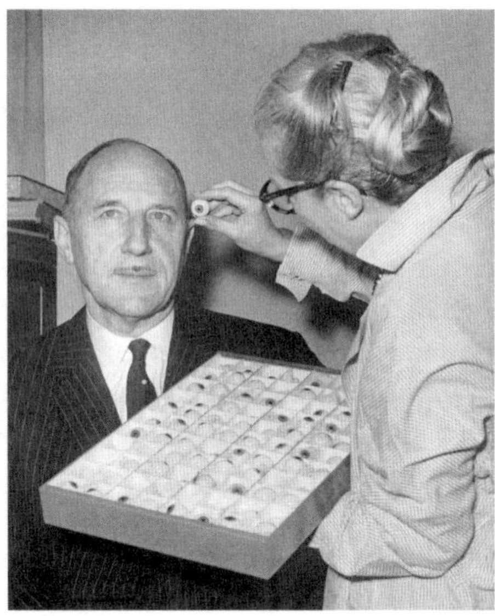

Een medewerker van Madame Tussauds in Londen zoekt de juiste kleur voor de ogen van het wassen beeld van minister Joseph Luns.

persoonlijk minister Luns gevraagd heb om voor Madame Tussaud te poseren.)

In 1957, bij de oprichting van de Europese Economische Gemeenschap (de EEG), had Engeland hooghartig verstek laten gaan. Ook de Conservatieven zagen er, na het vertrek van Churchill, niets in. Maar zowel de innige band met het Gemenebest, de voormalige koloniën, als de *special relationship* met Amerika stelde weinig voor. Tot schrik van Engeland dreigde het vasteland van Europa een grote, lucratieve markt te worden. Vier jaar later, in 1961, vroeg de conservatieve premier Harold Macmillan, nederig en met de bolhoed in de hand, alsnog lid van de EEG te mogen worden. Het was te laat. Engeland, dat als grootste Europese macht de regels had kunnen bepalen, moest nu aankloppen bij een club die grotendeels door Frankrijk vorm was gegeven. De Amerikaanse minister van Buitenlandse Zaken Dean Acheson sprak de nog altijd vaak geciteerde woorden: 'Groot-Brittannië heeft zijn wereldrijk verloren en nog geen nieuwe rol gevonden.'

De Britse socialisten bleven zich tegen Europa verzetten. De Labourleider Hugh Gaitskell zei in een beroemde toespraak dat toetreding tot de EEG 'het einde van duizend jaar geschiedenis' zou betekenen. De Britten zouden hun vrijheid en democratie nooit mogen opgeven. De Europese beschaving had volgens hem veel moois opgeleverd, maar ook veel kwaad veroorzaakt. Zo hadden Napoleon, Hitler en Mussolini, de dictators die ook een Verenigd Europa hadden nagestreefd, laten zien.

Op 14 januari 1963 sprak Charles de Gaulle op een persconferentie in Parijs zijn veto tegen toetreding van Engeland uit. Hij vond het land insulair, maritiem, verbonden met de meest uiteenlopende en verre landen. De Engelsen hadden vooral industriële en handelsbelangen, maar weinig landbouw. De aard, structuur en ligging van het land waren wezenlijk anders dan van de continentale naties. Het land had bewonderenswaardige gewoontes en tradities, die binnen de Europese Gemeenschap verloren zouden gaan, sprak hij bezorgd. Engeland zou, als een paard van Troje, Amerika Europa binnen willen smokkelen. Harold Macmillan, de onberispelijke gentleman, barstte in tranen uit, minister Luns was diep geschokt en een Franse minister zou veelbetekenend zeggen: 'Nederland is net als Engeland een eiland omgeven door de zee.'

De Britse regering was lamgeslagen, maar de bevolking slaakte een zucht van verlichting. Labour won in 1964 de volgende verkiezingen en toen gebeurde er iets vreemds.

17. Going Home

1964-heden

Totaal onverwacht en tot ieders verbazing, veranderde het vermoeide Londen in *Swinging London*, de opwindendste stad ter wereld. Het was alsof de Engelsen eindelijk '*the White Man's Burden*' van zich af mochten schudden, en een groot vrijheidsfeest mochten vieren in minirok, met Biba-parfum en Mary Quant-oogwimpers die per meter werden verkocht. Het mode-icoon knipte het schaamhaar van haar man in de vorm van een hartje. Het preutse Engeland zag bloot op het toneel en ontdekte de vreugde van seks. De pakhuizen, paleizen en kazernes vol overtollige restanten uit het koloniale verleden gingen open als dozen van Pandora. Op King's Road en Carnaby Street verscheen de ene zwoele boetiek na de andere; voor iedereen, voor alle rangen en standen; van popsterren, lords, lady's en dandy's bij wie Oscar Wilde zou verbleken, tot stoere voetballers, feministen, straatjongens en fabrieksmeisjes.

Alles kon, alles mocht, alles lukte. Engeland werd in 1966 wereldkampioen voetbal en Duitsland, de verliezer, kreeg in het Wembley Stadion een staande ovatie. De oorlog was vergeten. Het parlement schafte eindelijk de doodstraf af, abortus werd gelegaliseerd, privédetectives hoefden bij echtscheiding geen bewijzen van overspel meer aan te dragen en homoseksuelen mochten uit de kast komen. Dat laatste nam niet weg dat de keurig getrouwde leider van de liberalen, Jeremy Thorpe, begin jaren zeventig opdracht gaf zijn stalknecht, met wie hij een verhouding had gehad, te liquideren; het werd een *very English scandal.* Satire vierde hoogtij en in navolging van het vrolijk venijnige BBC-programma *That Was the Week That Was*, spotte het Nederlandse *Zo is het toevallig ook nog eens een keer* met Hollandse heilige huisjes.

De jonge verslaggeefster Marga van Praag had The Beatles op hun eerste bezoek aan Nederland nog bezorgd gevraagd wie hun sokken stopte als zij zo ver van huis waren. Een jaar later, in oktober 1965, verhief koningin Elizabeth de *working class heroes* op Buckingham Palace tot de adelstand. Als lords reden ze rond in een klassieke Rolls Royce, maar wel eentje in psychedelische kleuren: niet breken met het verleden, maar voortborduren op oude trots en traditie. Niet langer meer vechten met wapens, maar met bloemen, met lsd en *Sgt. Pepper's Lonely Hearts Club Band* de oorlog winnen. Het lieve meisje Christine Keeler ging in haar vredesmissie – *make love, not war* – zover dat zij, op het hoogtepunt van de Koude Oorlog, zowel met de Russische militaire attaché als de minister van Defensie, John Profumo, de liefde bedreef. De minister moest aftreden en zou als boetedoening de rest van zijn werkende leven doorbrengen onder de daklozen en armen in Londens East End. Zijn vrouw, een bekend actrice, bleef hem trouw en na alle loutering sloeg de koningin ook hem tot ridder, als in een middeleeuws moraliteitsspel.

Op het hoogtepunt van dat *Swinging London*, die jeugdige uitbarsting van vrijheid en plezier, stierf Winston Churchill op een koude dag in januari 1965. Hij was negentig jaar. Toen ik als verslaggever in Londen wachtte op het nieuws van zijn dood, hoorde ik een vader tot zijn zoontje zeggen: '*My son*, dit mag je nooit vergeten, dit is het eind van het Britse Wereldrijk.' Zo werd het overal gevoeld, besproken en betreurd.

In Amsterdam raakte Harry Mulisch zo diep geroerd door de heroïsche begrafenisstoet die Churchill met al zijn gevoel voor drama, grappen en historie zelf tot in detail had geregeld, dat hij, de vorst der Nederlandse letteren, jaren later de BBC-reportage vele malen heeft bekeken ter voorbereiding van zijn eigen afscheid.

Koopjes

Swinging London raakte buiten adem. Het geld was op, de witte hete technologische revolutie die Labour beloofd had brak niet uit en het pond sterling moest devalueren. Het lokte, heel pijnlijk en vernederend voor de Britten, duizenden bussen vol koopjesjagende Nederlanders naar Londen. Joseph Luns kwam om de dag in Londen langs om de Britten moed in te spreken. In 1973 werd het Verenigd Koninkrijk eindelijk de EEG binnengeloodst door de conservatieve premier Edward Heath. Hij was een waarachtige Europeaan. Als student had hij op een SS-manifestatie in Neurenberg in Göring en Goebbels 'het absolute kwaad' gezien.

Met een kleine meerderheid ging het parlement akkoord. Voor een aantal conservatieve afgevaardigden bleek het opgeven van soevereiniteit een onoverkomelijk probleem. Zij voelden toetreding als een nederlaag. Heath kreeg het meteen van alle kanten zwaar te verduren. De anti-Europees gezinde mijnwerkers gingen in staking en in de donkere dagen voor Kerstmis draaiden de elektriciens dagelijks het licht uit. Engeland werd, in zijn eerste Europese jaar, veroordeeld tot een driedaagse werkweek. Heath verloor de verkiezingen, Labour nam het stokje over en de gematigd pro-Europese premier Harold Wilson hield in 1975 een referendum om de anti-Europese dwarsliggers in zijn eigen partij de mond te snoeren. Hij was zeker van zijn zaak. De grote meerderheid van de conservatieven bleef Europees gezind en het opkomend talent Margaret Thatcher droeg tijdens de campagne een T-shirt met de vlaggen van de Europese lidstaten. Met een tweederdemeerderheid besloten de Britten in Europa te blijven. Als teken van goede wil stapte Engeland over op het decimale stelsel. De afstand tussen Harwich en Hoek van Holland veranderde van 127 mijl in 204 kilometer.

Het bleef sukkelen met de Engelse economie. Engeland werd, in dat eerste jaar na toetreding, de 'zieke man van Europa' genoemd. De almachtige vakbonden verklaarden hun eigen Labourregering de oorlog. Het werd de ijskoude *Winter of Discontent*. De vuilnis hoopte zich op in de straten, ambulances en brandweer reden niet uit en kranten schreven over doden die niet werden begraven.

Iron Lady

Margaret Thatcher deed een greep naar de macht en werd in 1979 de eerste vrouwelijke Britse premier. *Iron Lady* werd haar geuzennaam. Nog in hetzelfde jaar maakte zij furore met '*I want my money back*', een redelijke opmerking, vond de Nederlandse premier Dries van Agt, die op de Eurotop in Dublin naast haar zat en zijn collega's maande naar haar te luisteren. De verhoudingen waren goed en werden nog beter met de komst van Ruud Lubbers, die acht jaar met Margaret Thatcher als premier overlapte. Zij noemde de jonge nononsensepremier 'mijn lievelingszoon'. Zij werd bekoord door 'zijn woeste aantrekkelijkheid, zijn charme', schreef haar minister van Financiën Nigel Lawson (de vader van kookboekenschrijfster Nigella Lawson) in zijn memoires. Lubbers en Thatcher hadden 'inderdaad een speciale band', vertelde Lubbers mij zelf. 'Ze vertrouwde mij en zag mij niet als slappeling. Het was altijd leuk om haar te zien, een fascinerende vrouw die ervan genoot "nee" te zeggen. Ze was *Mrs. No*.'

Margaret Thatcher noemde Ruud Lubbers haar 'lievelingszoon'.

Margaret Thatcher geloofde, net als Lubbers, heilig in vrije handel en concurrentie. Zij werd daarom – heel ironisch – een groot voorstander van de interne markt, die voor een groot gedeelte ontworpen is door Lord Cockfield, de zakenman en politicus die zij als Eurocommissaris naar Brussel had gestuurd. Haar kritiek op de bureaucratie en het geldverslindende landbouwbeleid werd heel stiekem als opbouwend en verfrissend begroet.

Maar met haar lezing in 1988, in het Europacollege in Brugge, leek Thatcher het Europese project rechtstreeks aan te vallen. Ze veroordeelde het utopisch denken en zei 'niet met succes [in eigen land] de macht van de overheid te hebben teruggedrongen om die macht in Europa via een achterdeur te zien terugkomen'.

Ze vreesde een socialistisch Europa. In eigen huis had ze de mijnwerkers met harde hand verslagen. Ze werd bejubeld en gehaat. Elton John zong: '*Merry Christmas Maggie Thatcher. We all celebrate today, cause it's one day closer to your death.*'

De toespraak in Brugge bleek, tot haar verbazing, het begin van de revolte in haar eigen Conservatieve partij. Het was niet alleen de angst voor het socialisme die via de achterdeur binnenkwam. Ook voor Thatcher kwamen alle ellende, oorlogen, ziektes en ketterij uit het oosten. Het herenigd Duitsland maakte haar bang. Engeland had, in tegenstelling tot andere EEG-landen en beschermd door de Noordzee, duizend jaar lang de vijand buiten de deur kunnen houden. De grote metafoor voor de vijand uit het oosten werd hondsdolheid. Bij de opening van de Kanaaltunnel in 1994 kregen de Britten de verzekering dat dankzij speciale drempels en sensoren hondsdolle wolven het eiland niet op konden komen.

Bastards

Bij het Verdrag van Maastricht in 1992 werd de EEG verheven tot Europese Unie en de plannen voor de invoering van de euro werden definitief. Ruud Lubbers had het zwaar gehad en was opgelucht door de steun van Thatchers opvolger John Major, de zoon van een trapezeartiest in het circus, die beloofde het thatcherisme een menselijk gezicht te geven. Major riep '*game, set, match*', maar '*the bastards*', zoals hij de rechts-reactionaire rebellen in zijn eigen fractie noemde, zonnen op wraak. Zij geloven wel in de NAVO en de Verenigde Naties, maar wensen geen politieke unie en geen euro waarbij anderen, niet gekozen bureaucraten, de wet voorschrijven. Thatcher zei: 'De euro betekent het einde van de democratie.' Het gevecht mét Europa, nooit het gevecht ín Europa, kon beginnen. De euro hebben de Britten nooit aanvaard.

Het vuurtje werd nog eens aangewakkerd toen de voortvarende Europeanen besloten een Europese grondwet te ontwerpen. De Britten hebben zelf geen geschreven grondwet, dus waarom zouden zij wel een Europese grondwet in stenen tafelen beitelen? Het zou leiden tot nodeloze ruzies, en zodra hij af is zouden ze er spijt van krijgen. Ze wijzen op het gewoonterecht, op wetten die door de eeuwen heen hun kracht hebben bewezen en de mogelijkheid bieden tot creatieve oplossingen voor hedendaagse problemen.

De dichter en anglofiel Cees Buddingh' schreef vertederd over zo'n 'typisch Engelse oplossing'. In een dorp stond een drukbezochte bushalte tegenover een huis, waar de gordijnen nooit dicht waren. Er woonde een jong echtpaar dat zeer bedreven in de liefde was. De wachtenden bij de bushalte mochten meegenieten, maar er kwamen ook protesten. De gemeente wilde het koppel niet in hun vrijheid beperken en besloot de bushalte twintig meter te verplaatsen.

De vrijheden zijn in Engeland, net als in Nederland, heilig, maar als kinderen van de Franse Revolutie blijven de Nederlanders nog altijd zorgvuldig balanceren tussen vrijheid en gelijkheid. Margaret Thatcher zei: 'Het is het een of het ander, beide kan niet.' Zij koos voor vrijheid. Labour daarentegen voor gelijkheid: hoge belastingen, nationalisering van nutsbedrijven en strenge overheidsbemoeienis. De verlichte sociaaldemocraat Tony Blair, die in 1997 aan de macht kwam, wilde daar iets aan veranderen en schudde op de Derde Weg de ideologische veren af, net als zijn vrienden en bewonderaars Wim Kok en Wouter Bos. Maar zij haakten af toen de *glamourboy* de gelijkheid liet schieten en er geen bezwaar tegen had dat iemand 'stinkend rijk' wilde worden.

The survival of the fittest, had Charles Darwin gezegd, en hij was een Engelsman.

Het streven naar gelijkheid in een stevige klassenmaatschappij, waar *Downton Abbey* als sociaal realisme wordt bekeken, is een lastige kwestie. Rangen en standen zullen blijven bestaan. Tevergeefs riep prinses Diana, *the People's Princess*, eind vorige eeuw op tot modernisering van de monarchie, eentje die dichter bij de mensen zou komen te staan. Na haar noodlottige overlijden leek zij even een volksopstand te hebben ontketend. Haar ex, kroonprins Charles, ging toen dansen met de Spice Girls en zijn zus, prinses Anne, vroeg wederom: 'Wat willen jullie dan? Een monarchie op de fiets, zoals in Holland?' Nee, dat wilde niemand. Met het uitvinden van nieuwe tradities wist het koningshuis zich knap te herstellen en werd een nog grotere toeristenattractie.

Als een beeldenstormer had Margaret Thatcher geprobeerd een einde te maken aan de standen en het old boys network. Ze had een hekel aan privileges en bood ondernemers alle vrijheid. Londen bloeide en groeide uit tot de kosmopolitische hoofdstad van Europa. In groten getale trokken Nederlanders naar Engeland om te werken in de zorg en in de City, er te studeren met een Erasmusstudiebeurs, te voetballen of te dirigeren. Hollanders gingen zelfs oer-Britse instituten als Marks & Spencer en British Telecom leiden. De Hema ging vlak bij Buckingham Palace stroopwafels verkopen en Dennis Bergkamp kreeg een standbeeld.

Oxford

De *bastards* van John Major hadden echter niet stilgezeten. Het succes van Londen was voor hen het bewijs dat Engeland krachtig genoeg was zich te bevrijden van de Europese slavernij en dictatuur, zoals de kranten schreven. Opnieuw kwam de vijand uit het oosten. De Polen, Bulgaren en Roemenen zouden de banen afpakken. Engeland moest weer Engels worden, zoeken naar zijn identiteit.

Premier David Cameron, in 2010 aangetreden als minister-president, als vanouds een telg uit de *upper class*, bood de Engelsen de kans. Onbezonnen schreef hij in 2016 een referendum uit om, net als Harold Wilson veertig jaar eerder, de opstandelingen het zwijgen op te leggen. Nigel Farage, de radicaal-rechtse Europarlementariër die al jaren alles verfoeide wat Europees was, ging er met gestrekt been in. Het werd spannend en Boris Johnson, een goede vriend van Cameron, kreeg er ook zin in. Ze kenden elkaar van de bijna zevenhonderd jaar oude elitekostschool Eton College en van Oxford, de universiteit met haar fameuze *debating club*, de Oxford Union, waar je de ene dag mag bejubelen wat je de volgende dag moet verwerpen.

Boris, de populaire, clowneske oud-burgemeester van Londen, en schrijver van een verrukkelijke biografie van Churchill (sommigen zeggen: een verkapte autobiografie), kreeg er zin in, maar aarzelde. Hij schreef zowel een pleidooi vóór als tégen Brexit, berekende zijn eigen kansen om premier te worden en besloot tot een duel met zijn vriend Cameron. Het zou de spanning en pret alleen maar vergroten. Er zou bloed vloeien als in een shakespeareaans drama. De twee debaters bevochten elkaar, zoals Nick Cohen in *The Guardian* schreef, 'in die ironische stijl met dat beroemde, ongrijpbare gevoel voor humor; de perfide stijl waarin wij ons achter maskers kunnen verbergen'. Het was de stijl 'die briljante acteurs heeft voortgebracht, maar hopeloos faalde in het leveren van goede politici; de plagerige stijl van spreken in codes die achterlijke buitenlanders nooit kunnen begrijpen, ook al spreken ze nog zo goed Engels'. Het was, kortom, de stijl van: 'Het leven is een spel dat niet te serieus genomen mag worden.'

Koning Arthur

Feiten golden niet meer, leugen en bedrog des te meer. Bij het referendum, op 23 juni 2016, wonnen de Brexiteers met 52 tegen 48 procent van de stemmen. Het Verenigd Koninkrijk besloot de Europese Unie te verlaten en weer baas te worden in eigen land. Hoe dit moest gebeuren wist niemand. Het zou weinig Brits geweest zijn om dat van tevoren te hebben gepland, Churchill wist het ook niet toen hij aan de oorlog begon. 'Brexit is Brexit,' zei Theresa May, in 2016 de opvolger van David Cameron, die na zijn nederlaag snel het hazenpad had gekozen.

In plaats van het uitstippelen van de weg naar de herwonnen vrijheid, droomden de Brexiteers van een groots mystiek verleden. Eindelijk zou, als voorspeld in de sages, de verslagen middeleeuwse koning Arthur terugkeren. Met nostalgische superioriteit herdachten zij de verloren veldslagen die zij met heldenmoed, volharding en liefde voor het vaderland hadden weten om te zetten in de uiteindelijke overwinning; van de Slag bij Azincourt in 1415 tot in de Eerste als de Tweede Wereldoorlog. En wat waren die perfide Europeanen ondankbaar door de bevrijders van toen nu zo hard en gemeen te willen straffen voor de welverdiende, democratisch verkozen Brexit.

De Brexiteers waren vooral te vinden onder de ouderen, die masochistisch bleven geloven in de mythe van het Britse Wereldrijk, maar ook onder de kinderen van het voetvolk dat in de gloriedagen vanuit het midden en arme noorden van het land naar de oorlogen werd gestuurd om voor het vaderland te sterven.

Die nakomelingen in de verloederde industriesteden haten het aan Europa rijk geworden Londen. Ze voelen zich verlaten en verraden. Uit protest tegen hun miserabel lot volgden zij de *upper class Brexiteers* als Boris Johnson, politici

Theresa May ontvangt Mark Rutte op Downing Street, 21 februari 2018.

die zij tegelijkertijd diep verachten, net als hun vaders indertijd die verrotte generaals. Maar toen en nu geldt: *proud to be British* tot op het bot. Vroeger stemden zij Labour. En als je zegt: 'Je raakt je baan kwijt', antwoordden zij als kwaadaardige punkers en hooligans: '*So what?*'

Het eiland raakte dwars door het midden diep verscheurd. Ook binnen de Labourpartij, waar de ware socialisten als Jeremy Corbyn het neoliberale Europa ervan beschuldigt geen heilstaat te mogen bouwen op eigen grond. Aan solidariteit met de kameraden op het vasteland hebben zij weinig boodschap.

Zo ontstond een *Great British drama*, waarin de echte vijand zich niet in Brussel bevindt, waar Napoleon in de slag bij

Waterloo verslagen werd, maar in eigen land. Weer geldt wat de Franse cultureel antropoloog Claude Lévi-Strauss eens zei: 'De meeste volkeren vechten oorlogen tegen anderen, de Britten liggen met zichzelf overhoop. Ze zijn hun eigen vijand.'

Brexit werd de strijd tussen mythe en werkelijkheid, een gevecht dat op verbijsterende manier de kracht en de zwaktes blootlegde en menig anglofiel tot stille wanhoop dreef. De winnaars werden verliezers. Na het vertrek van May moet het verwarde eiland onder een nieuwe leider alsnog een oplossing trachten te vinden.

Koningin Elizabeth, bang zelfs de trouwste bondgenoot te verliezen, nam koning Willem-Alexander op in de zeven eeuwen oude Meest Edele Orde van de Kousenband en de koning stelde haar gerust. Hij treurde om de Brexit, 'maar Brexit betekent geen vaarwel', zei hij groot en stoer als de vriendelijke havenmeester van Hoek van Holland, de poort naar Europa. Nederlanders weten wel beter. We hebben ruim vijftien eeuwen ervaring, delen zoveel verhalen.

Al zo vaak hebben de Engelsen zich in het verleden in *splendid isolation* teruggetrokken op hun veilige eiland, maar iedere keer weer bleken zij niet zonder ons te kunnen, en wij niet zonder hen. 'Wij zullen ons maatje missen,' zei Mark Rutte. Tsja, soms doen ze een beetje dom.

Literatuur

-, Ons Engeland (2012) , Ons Londen (2018), speciale edities van *Elsevier weekblad.*

-, *Bonifatius. Man met een missie,* VVV Noord-Oost-Friesland, 2004.

Ackroyd, Peter, *London. The Biography,* Chatto & Windus, 2000.

Ashton, Nigel en Duco Hellema (eds.), *Unspoken Allies. Anglo-Dutch Relations Since 1780,* Amsterdam University Press, 2001.

Bachrach, A.G.H. e.a., *The Orange and the Rose,* Victoria and Albert Museum, 1964.

Bagehot, Walter, *The English Constitution,* Oxford University Press, 1867-2009.

Barzini, Luigi, *The Europeans,* Penguin Books, 1983.

Beliën, Herman en Monique van Hoogstraten, *De Nederlandse geschiedenis in een notendop. Alles wat je altijd wilde weten,* Bert Bakker, 2007.

Blokker, Bas, Gijsbert van Es en Hendrik Spiering, *Nederland van alle tijden. De vaderlandse geschiedenis in jaartallen,* Balans, 2016.

Bosman, Machiel, *De roofkoning. Prins Willem III en de invasie van Engeland,* Athenaeum, 2016.

Bossenbroek, Martin, *De Boerenoorlog,* Athenaeum, 2013.

Boston, Richard, *Beer and Skittles,* Collins, 1976.

Brusse, Peter, *Neem nou Londen,* Bruna, 1968.

Brusse, Peter, *Engeland bestaat niet*, Bruna, 1971.

Brusse, Peter en Aukje Holtrop, *Wij, Oranje. De geschiedenis van een lastig vorstenhuis en een lastig volk*, Waanders, 2002.

Brusse, Peter, *Ter herinnering. Margaret Thatcher 1925-2013*, Elsevier, 2013.

Buruma, Ian, *Voltaire's Coconuts, Anglomania in Europes*, Weidenfeld & Nicolson, 1999.

Coates, Ben, *Going Dutch. Nederland door de ogen van een Engelsman*, 2016.

Cordfunke, E. H. P., *Een Hollands-Schots avontuur, 1291-1292. De claim van Floris v op de Schotse troon*, Matrijs, 2005.

Davies, Norman, *Europe. A History*, Pimlico, 1997.

Deijl, Yolande van der, *Koning in Europa. Oranjes gewaagde expeditie naar Londen in 1688*, Aspekt, 2018.

Emmer, P.C., *De Nederlandse slavenhandel 1500-1850*, De Arbeiderspers, 2007.

Enenkel, K., P. van Heck en B. Westerweel, *Reizen en reizigers in de Renaissance. Eigen en vreemd in oude en nieuwe werelden*, Amsterdam University Press, 1998.

Enenkel, K., S. Onderdelinden en P. Smith, *'Typische Nederlands'. De Nederlandse identiteit in de letterkunde*, Florivallis, 1999

Fasseur, Cees, *Wilhelmina. De jonge koningin*, Balans, 2001.

Fasseur, Cees, *Juliana & Bernhard. Het verhaal van een huwelijk. De jaren 1936-1956*, Balans, 2008.

Fasseur, Cees, *Eigen meester, niemands knecht. Het leven van Pieter Sjoerds Gerbrandy 1885-1961*, Balans, 2014.

Fox, Kate, *Watching the English. The Hidden Rules of English Behaviour*, Hodder, 2014.

Haley, K. H. D., *The British & The Dutch*, George Philip, 1988.

Hermans, Willem Frederik, *Het sadistische universum*, Bezige Bij, 1964.

Hermans, Dorine en Daniela Hooghiemstra, '*Voor de troon*

wordt men niet ongestraft geboren.' Ooggetuigen van de koningen van Nederland, 1813-1890, Bert Bakker, 2007.
Huizinga, Johan, *Homo Ludens. Proeve eener bepaling van het spel-element der cultuur*, Amsterdam University Press, 2009.
Israel, Jonathan I., *De Republiek 1477-1806*, Van Wijnen, 1997.
Jacobs, Irene en Joost Schokkenbroek (red.), *Nederland-Engeland. Reflecties over zee*, Walburg Pers, 2011.
Jardine, Lisa, *Gedeelde weelde. Hoe de zeventiende-eeuwse cultuur van de Lage Landen Engeland veroverde en veranderde*, De Arbeiderspers, 2008.
Jenkins, Simon, *A Short History of England. From Pericles to Putin*, Profile Books, 2012.
Jong, Oebele de, *Churchill en de Nederlanders. Nederland gezien door de kleine bril van een groot staatsman*, Walburg Pers, 2005.
Kennedy, James C., *Een beknopte geschiedenis van Nederland*, Prometheus, 2017.
Kossmann, E.H., *Politieke theorie en geschiedenis*, Bert Bakker, 1987.
Maas, Nop, *Gerard Reve. Kroniek van een schuldig leven. De vroege jaren 1923-1962, Deel 1*, Van Oorschot, 2009.
Mak, Geert, *Een kleine geschiedenis van Amsterdam*, Atlas, 1995.
Mak, Geert, *In Europa. Reizen door de twintigste eeuw*, Atlas, 2004.
Mawson, Christian, *Portrait of England*, Penguin Books, 1943.
Meijer-Drees, M., *Andere landen, andere mensen. De beeldvorming van Holland versus Spanje en Engeland omstreeks 1650*, SDU, 1997.
Mitchell, R.J., *A History of London*, Penguin Books, 1963.
Panhuysen, Luc, *Oranje tegen de Zonnekoning. De strijd van Willem III en Lodewijk XIV om Europa*, Atlas-Contact, 2016.

Pepys, Samuel, *Geheim dagboek van een puritein*, De Arbeiderspers, 2011.
Pye, Michael, *Aan de rand van de wereld. Hoe de Noordzee ons vormde*, Bezige Bij, 2015.
Renier, G.J., *The English. Are they Human?*, Williams & Norgate, 1931.
Rideal, Rebecca, *1666. Pest, hellevuur en de Engels-Nederlandse oorlogen*, Het Spectrum, 2016.
Rommelse, G., *The Second Anglo-Dutch War 1665-1667. Raison d'état, mercantilism and maritime strife*, Verloren, 2006.
Roorda, D.J., *William Temple. Ambassadeur in de Lage Landen*, Fibula-Van Dishoeck, 1978.
Sas, N.C.F., *Onze natuurlijkste bondgenoot*, Wolters-Noordhoff, 1985.
Schama, Simon, *Overvloed en onbehagen. De Nederlandse cultuur in de Gouden Eeuw*, Contact, 1989.
Scott Moncrieff, M.C., *Kings and Queens of England*, Blandford, 1973.
Sellar, W.C., *1066 And All That*, Methuen & Co, 1952.
Souhami, Diana, *Mrs Keppel and her Daughter*, St. Martin's Press New York, 1996.
Stam, Huib, *Haring. De vis die Nederland veranderde. De geschiedenis, de economie en de cultuur van de Nederlandse haring*, Carrera, 2015.
Starkey, David, *Crown & Country*, Harper Press, 2010.
Strien, Kees van, *De ontdekking van de Nederlanden. Britse en Franse reizigers in Holland en Vlaanderen, 1750-1795*, Het Spectrum, 2008.
Thomas, Hugh, *Ever Closer Union*, Hutchinson, 1991.
Vat, Daan van der, *Britten, Beesten en Buitenlanders*, Het Spectrum, 1953.
Vat, Daan van der, *Een ongeneeslijke verbijstering*, Sijthoff, 1986.

Verberne, L. G. J., *Geschiedenis van Nederland 1813-1850*, Prisma-Boeken, 1958.
Vries, Theun de, *Het zwaard, de zee en het valse hart*, Boekenweekgeschenk 1966.
Wesseling, H. L., *Verdeel en heers. De deling van Afrika 1880-1914*, Bert Bakker, 2007.
Wielinga, Menno, *Het Engelse kamp in Groningen 1914-1918. De geschiedenis van 1.500 Engelse militairen tijdens de Eerste Wereldoorlog*, Profiel, 2014.
Zee, Henri & Barbara van der, *1688. Revolution in the Family*, Viking, 1988.
Zuylen, Belle van, *Boswell in Holland 1763-1764*, Andesite Press, 2015.

WEBSITES

www.hungerfordvirtualmuseum.co.uk
www.nottingham.ac.uk: *William of Orange's Itinerary*
www.vortigernstudies.org.uk: Robert Vermaat, *Rowena, wife of Vortigern*
www.poppy.nsms.ox.ac.uk/woruldhord: Doreen Flierman, *Hengist and Horsa in Dutch literature*
www.zeeuwsarchief.nl: *Schotten aan de Schelde*
www.veere-Schotland.nl: *De geschiedenis van de Schotten in Veere*
www.onserfdeel.be: *The Low Countries*, verscheidene artikelen
www.myinnervictorian.nl: *Koningin Victoria en de Oranjes*
www.britishmuseum.org: *Bowyers history of England*
www.historiek.net: Bonifatius
www.members.home.nl: De Schotse brigade
www.janvanwetering.nl: Schotten in Nederland
www.nemokennislink.nl: Mathilde Jansen, *Toen het Fries nog op het Engels leek*
www.milfje.blogspot.com: Hoeren-zuipen-ruften

www.dbnl.org: *Biekorf* jg. 58, *Vlaamse hop in Engeland*
www.dbnl.org: *Madoc*, jg. 1996, *Moord op Floris*
www.mapoflondon.univ.ca: Dutch Church, violence against aliens
www.britannica.com
www.googlebooks.nl: *The Dutch Language in Britain bij Christopher Joby 1550-1702*
www.googlebooks.nl: *Walter Mountfort van Speult, Ambon*
www.geheugenvannederland.nl: Nederland en Engeland
www.historischnieuwsblad.nl
www.huygens.knaw.nl: digitaal Archief Huygens ING, waaronder het *Biografisch Woordenboek*
www.delpher.nl: digitaal krantenarchief
www.wikipedia.nl

Tijdlijn

450 Angelen, Saksen, Jutten en Friezen vestigen zich in Engeland na het vertrek van de Romeinen

690 De Angelsaksische missionaris Willibrordus (658-739) landt in Katwijk en wordt bisschop der Friezen

754 Bonifatius (672 of 675), missionaris afkomstig uit Exeter, wordt bij Dokkum vermoord

768 Karel de Grote (745-814), wordt koning der Franken. In 800 wordt hij gekroond tot keizer van het Roomse Rijk. Hij dwong de Friezen zich te laten dopen

+/- 800 Vikingen en Noormannen plunderen en verwoesten een eeuw lang kloosters, kerken en steden, zowel in Engeland als in de Lage Landen

1066 Willem de Veroveraar (1028-1087), hertog van Normandië, zoon van Robert de Duivel, verovert Engeland met behulp van Franse, Bretonse en Vlaamse edelen en militairen

+/-1100 Een Vlaamse monnik in Rochester schrijft het oudste, vroegst bekende gedicht 'Hebban olla vogala'

1281 Koning Edward I (1239-1307) kondigt in Londen de verloving aan van zijn achtjarige zoon Alphonso met Margaretha, dochter van Floris V, graaf van Holland

1296 Floris V (geboren in 1254) wordt bij Muiden door de edelen vermoord

1328 Philippa, kleindochter van graaf Jan II van Holland

en Henegouwen (1314-1369), trouwt met koning Edward III van Engeland (1312-1377)

1499 Erasmus (1466-1536) brengt zijn eerste bezoek aan Engeland

1517 Maarten Luther verkondigt zijn 95 stellingen

1534 Henry VIII, koning van Engeland (1491-1547), breekt met Rome na de weigering van de paus om zijn eerste huwelijk ongeldig te verklaren

1541 Het Zeeuwse Veere verwerft de stapelrechten voor alle Schotse goederen, met name van wol

1550 Edward VI (1537-1553) geeft de naar Londen gevluchte Nederlandse protestanten een eigen kerk, the Dutch Church

1568 Begin van de Tachtigjarige Oorlog tot 1648. Stadhouder Willem van Oranje (1533-1584) wordt de leider van de Opstand

1572 De Watergeuzen veroveren Den Briel

1581 Met het Plakkaat van Verlatinghe wordt de Spaanse heerschappij afgezworen

1584 Na de moord op Willem van Oranje wordt diens zoon Maurits (1567-1625) stadhouder en legeraanvoerder

1585 Koningin Elizabeth I van Engeland (1533-1603) weigert landvoogdes van de Noordelijke Nederlanden te worden, maar stuurt Robert Dudley, de graaf van Leicester, met zesduizend infanteristen naar het land

1588 De Staten-Generaal roepen de Republiek uit. De Britten verslaan aan de monding van de Thames de Spaanse Armada

1602 Oprichting van de Verenigde Oost-Indische Compagnie. Het begin van de Gouden Eeuw

1613 Vermoedelijke ontmoeting van stadhouder Maurits met William Shakespeare

1625 Stadhouder Maurits sterft en wordt opgevolgd door zijn halfbroer Frederik Hendrik (1584-1647)

1628 Piet Hein (1577-1629) verovert de Zilvervloot. De Republiek wordt rijk en machtig

1641 Huwelijk in Londen van de veertienjarige (latere) stadhouder Willem II, zoon van Frederik Hendrik, met de negenjarige prinses Mary Stuart, dochter van koning Charles I (1630-1649)

1649 Charles I wordt onthoofd. Tevens Vrede van Münster, eind van de Tachtigjarige Oorlog

1650 Willem III, de latere stadhouder en koning van Engeland, wordt een week na de dood van zijn vader Willem II geboren. Begin van het Eerste Stadhouderloze Tijdperk, 1650-1672

1652 Eerste Engelse Zeeoorlog (tot 1654)

1665 Tweede Engelse Zeeoorlog (tot 1667)

1666 Grote Brand van Londen

1667 Michiel de Ruyter (1607-1676) vaart bij Chatham de kettingen kapot die over de Thames zijn gespannen

1672 Het Rampjaar. Willem III, de zoon van Willem II en Mary Stuart, wordt benoemd tot stadhouder en opperbevelhebber

1672 Derde Engelse Zeeoorlog (tot 1674)

1677 Willem III, de prins van Oranje, trouwt met zijn Engelse nicht Mary Stuart II (1662-1694), de oudste dochter van de latere koning James II (1633-1701). Hij was de zoon van de onthoofde Charles I en de broer van Charles II (1630-1685)

1688 Willem III vaart als verdediger van het protestantisme met een grote legermacht naar Engeland en jaagt zijn schoonvader James op de vlucht

1689 Willem III en Mary worden gekroond tot koning en

koningin. Willem gaat de geschiedenis in als de koning-stadhouder

1690 Willem III wint de Slag aan de Boyne in Noord-Ierland

1702 Willem III overlijdt. Tweede Stadhouderloze tijdperk tot 1747. In Engeland wordt zijn schoonzuster Anne (1665-1714) koningin

1713 Vrede van Utrecht. De Republiek verliest zijn macht aan Engeland

1780 Vierde Engelse Zeeoorlog (tot 1784)

1795 Stadhouder Willem V (1748-1806) vlucht naar Engeland. De Fransen bezetten de Republiek en dopen haar om tot Bataafse Republiek

1806 De Bataafse Republiek wordt het Koninkrijk Holland, een Franse vazalstaat onder bewind van Lodewijk Napoleon Bonaparte

1810 Het Koninkrijk Holland wordt door Napoleon ingelijfd en wordt een Franse provincie

1813 Napoleon wordt verslagen en Nederland herwint zijn vrijheid

1814 De zoon van stadhouder Willem V wordt koning Willem I (1772-1843). Nederland en België en worden samengevoegd tot het Verenigd Koninkrijk der Nederlanden

1814 Slag bij Waterloo. Napoleon is voorgoed verslagen door Britten, Pruisen en Nederlanders onder bevel van de hertog van Wellington. Willem II (1792-1849) raakt gewond en gaat de geschiedenis in als held van Waterloo

1830 De Belgische opstand. De Zuidelijke Nederlanden eisen de onafhankelijkheid op. Tevergeefs vraagt Willem I steun van Engeland

1837 Kroning van koningin Victoria (1819-1901)

1895 Koningin Wilhelmina (1880-1962) brengt een bezoek aan koningin Victoria

1914 Eerste Wereldoorlog (tot 1918)

1940 Tweede Wereldoorlog (tot 1945)

1948 Winston Churchill (1874-1965) pleit in Amsterdam voor een Verenigd Europa

1953 Kroning van koningin Elizabeth, geboren in 1926

1957 Verdrag van Rome. Oprichting van de Europese Economische Gemeenschap (EEG). Engeland treedt niet toe

1964 De Beatles bezoeken Nederland

1973 Engeland wordt alsnog lid van de Europese Economische Gemeenschap

1975 In een referendum zegt 60 procent van de Britten lid te willen blijven van de EEG

1979 Margaret Thatcher (1925-2013) wordt de eerste vrouwelijke Britse premier

1997 Prinses Diana, eerste echtgenote van kroonprins Charles, verongelukt in Parijs op 36-jarige leeftijd

2012 Koningin Elizabeth opent met een sprong uit de helikopter van James Bond de Olympische Spelen in Londen

2014 Nederlandse cricketers winnen van Engeland

2016 Referendum waarbij 52 procent van de Britten beslist dat zij de Europose Unie zullen verlaten. Theresa May wordt premier en zegt: '*Brexit is Brexit*'

2018 Staatsbezoek in oktober van koning Willem-Alexander aan Groot-Brittannië

2019 Het Britse Lagerhuis verwerpt op 15 januari met overweldigende meerderheid het Brexit-akkoord dat premier May met de Europese Unie had gesloten

Dankwoord

Allereerst wil ik uitgever Plien van Albada bedanken voor het enthousiasme waarmee zij mijn idee voor dit boek begroette en hielp vorm te geven. Meteen daarna dank ik de redacteuren Anneke Willemsen, Henk van Renssen, Lennart Puijker en stagiair Floortje Grooten, die mij geduldig, doortastend en betrokken begeleidden. Paul Brill, columnist en buitenlanddeskundige, toonde zich de ideale medelezer, Herman Pleij, cultuurhistoricus, dank ik voor zijn wijze adviezen, zo ook Patrick van IJzendoorn, Londens correspondent van *de Volkskrant*, de schrijver Rudolf Geel en mijn kunsthistorische leidsman Robert Uterwijk. En zeker ook Tom Egbers, de halve Brit, die het eerste exemplaar van *Ach, Engeland* in ontvangst wilde nemen. Maar bovenal wil ik mijn vrouw Wiesje bedanken die alle beren op de weg wegjoeg en mij zelfs op vakantie de hele dag ongestoord liet werken.

Personenregister

A
Acheson, Dean 208
Adenauer, Konrad 207
Agt, Dries van 213
Ainsworth, Thomas 172, 173
Albertine Agnes 74
Alcuinus 30
Alexander de Grote 76
Alexander, prins 170, 171
Alfred, koning 31
Alice, maitresse van koning Edward VII 131
Alma Tadema, Lourens 174
Alma-Tadema, Sir Lawrence, *zie* Alma Tadema, Lourens

Alphonso, Engelse kroonprins 34
Alva 44, 51
Amstel, Gijsbrecht van 34, 36
Anne van Hannover, dochter van George 146-148
Anne, dochter van James 103, 111, 122, 126, 132, 133, 134, 139, 145
Anne, prinses 217
Appel, Karel 206
Ariens van Hamme, Jan 141
Arthur, koning 219
Attlee, Clement 203

B
Baden-Powell, Lord 192
Bagehot, Walter 177, 178
Barentz, Willem 60, 71
Barrie, J.M. 9
Barzini, Luigi 12
Beatles, The 9, 211
Beck, Joost van 142
Beda 19
Bede, *zie* Beda
Bentinck, Hans Willem 111, 119, 130, 131, 148
Bergkamp, Dennis 217
Bernhard, prins 199, 201
Bernlef 30
Bevin, Ernest 207
Blair, Tony 216
Boleyn, Anne 42, 53
Bolingbroke, Lord 167
Bond, James 201
Bonifatius 24, 25, 27-29, 155
Bonnie Prince Charlie, *zie* Young Pretender
Borselen, Hendrik van, heer van Veere 46
Borselen, Wolfert van 46
Bos, Wouter 216
Bosman, Machiel 126
Boswell, James 148
Brakel, Jan van 98
Brandsma, Titus 28

Brunswijk, Caroline van 163
Brunswijk, hertog van 148
Buddingh', Cees 216
Burgess, Anthony 27
Burns, Robert 48, 49

C
Cameron, David 218, 219
Camilla, prinses 131
Canning, Georg 156, 165
Cargavaggio, 76
Caroline Matilda van Wales 148
Castlereagh, Lord 156, 158
Catharine van Aragon 41, 42
Charles I 123
Charles II 89, 90, 92, 93, 100, 103, 110
Charles, prins 131
Charlotte, kroonprinses 163, 169, 170
Chatham, graaf van 157
Chaucer, Geoffrey 38
Cherry Brandy, *zie* Gerbrandy, Pieter Sjoerds
Chesterfield, Lord 144
Churchill, Clementine 197
Churchill, John 122, 132, 133, 139, 140
Churchill, Sarah 122
Churchill, Winston 122, 140, 184, 186, 188, 189, 194, 196, 197, 199, 201, 203-206, 208, 211, 212, 218, 219
Clancarty, graaf 159, 161
Clifford, George 142
Cockfield, Lord 214
Coenen, Adriaen 69
Cohen, Nick 218
Colet, John 40, 41
Compagnie, Jan 95
Corbyn, Jeremy 220
Cromwell, Oliver 80, 82, 85-87, 89, 90, 93-95, 100
Cruijff, Johan 207

D
Dafoe, Daniel 138
Darwin, Charles 217
Dekker, Thomas 57
Deterding, Henri 189
Diana, prinses 130, 131, 217
Dijck, Anthony van 76
Downing, George 95, 96
Droeshout, Martin 61
Dryden, John 72, 73
Dudley, Robert 53
Dürer, Albrecht 76

E
Edward I, koning 34-37
Edward II, koning 37
Edward III 37
Edward VI 44
Edward VII 131, 178, 186, 187
Elizabeth, de Winterkoningin 66, 74
Elizabeth, dochter van Charles 78
Elizabeth, dochter van koning Edward I 34
Elizabeth, koningin 50-56, 64, 73, 85, 135, 178, 206, 211, 221
Emma, koningin-regentes 175, 177
Emo van Friesland 33
Emo van Huizinge, *zie* Emo van Friesland
Erasmus, Desiderius 38-43

F
Farage, Nigel 218
Fasseur, Cees 179, 181
Fawkes, Guy 64, 118

Feltham, Owen 58, 62
Filips II 50, 52
Filips IV 77
Fleming, Ian 201
Floris V 34-36
Frederik Hendrik 74-80, 83, 90

G
Gaitskell, Hugh 209
Gaulle, Charles de 207, 209
Geer, Dirk Jan de 197
Georg V 187
George II 145
George III 151, 152
George IV 163, 164
George VI 194
Gerbrandy, Pieter Sjoerds 197, 199, 202
Geyl, Pieter 192
Goebbels 212
Gogh, Theo van 174
Gogh, Vincent van 174, 175
Göring 212
Graaf van Leicester 53-56
Gregorius, paus 22
Grimm, Gebr. 15
Groot, Hugo de 70, 71
Groot, Jan de 46
Grote, Karel de 29, 31
Gwyn, Nell 93, 108, 109

H
Haley, Kenneth 144, 154, 202
Händel, Georg Friedrich 146
Hans en Parkie 151
Harold II, *zie* Willem de Veroveraar
Haron, Udolf 15
Harskamp, Jaap 60
Hartog, Jan de 199
Hazelhoff Roelfzema, Erik 199
Heath, Edward 212
Heemskerk, Jakob van 71, 141
Hein, Piet 75
Hengist 14-20
Henriëtta Maria 77, 79, 80, 86, 89
Henriëtte Catharine 89, 90
Henry VIII 38, 39, 41-44, 53, 130
Hermans, Willem Frederik 206
Hertog van Anjou 50
Hitler 140, 194, 197, 201, 209
Hogarth, William 134
Hogendorp, Gijsbert Karel van 158
Holbein, Hans 41, 76
Horsa 14-17, 19
Howard, Catharine 42
Huizinga, Johan 169, 193, 194
Huygens, Christiaan 93
Huygens, Constantijn 76, 79, 93, 117-119

I
Isabella, koningin 37
Israel, Jonathan 105, 115

J
Jagger, Mick 197
James I 64-68, 70, 74, 76, 82
James II, hertog van York 94, 102, 103, 105, 106, 108, 110-112, 116, 121, 122, 124, 128
Jan I 34, 37
Jan II 37
Janssen, Gerrit 61
Janssen, Haicke 189, 190
Janssen, Stefan 142
Jantje, zoon van Floris V, *zie* Jan I
Jardine, Lisa 121, 138

John, Elton 215
Johnson, Boris 218, 219
Jong, Loe de 199

K
Kate, echtgenote van William 130, 170
Keeler, Christine 211
Keppel, Arnold Joost van 131, 147
King Billy 129
Kleef, Anna van 42
Kleffens, Eelco van 196
Kok, Wim 216
Kooten, George van 41
Kruger, Paul 182, 183
Kuyper, Abraham 183

L
Lawson, Nigel 213
Lawson, Nigella 213
Lely, Peter 93
Lévi-Strauss, Claude 221
Lidth de Jeude, Otto van 202
Linde, Gerrit van de 179
Lodewijk Napoleon 156
Lodewijk Philippe 168
Lodewijk XIV 89, 99, 100, 104, 107, 110-113, 127, 129, 139, 153, 166
Lodewijk XVIII 167
Lopes Suasso, Francisco 113
Louisa Henriëtte 74
Lubbers, Ruud 213-215
Ludger 29, 30
Luns, Joseph 207-209, 212
Luther 41, 42
Lynn, Vera 205

M
Mackay, Aeneas 151
Mackintosh, Sir James 166
Macmillan, Harold 208, 209
Major, John 215, 217
Mak, Geert 94
Mandeville, Bernard 143, 144
Margaretha, dochter van graaf Floris V 34
Maria van Modena 103, 110
Marlborough, graaf van, *zie* Churchill, John
Marston, John 60
Marvell, Andrew 87
Mary, dochter van Henriëtta Maria 86, 89
Mary, echtgenote van Willem 103, 105-108, 110, 111, 114, 116-118, 122, 124, 126, 127, 130, 132, 133, 138
Mata Hari 17, 20
Mathilde van Vlaanderen 31
Maurits, prins 55, 66, 67, 74, 93
May, Theresa 219
Monmouth, Geoffrey 19, 20
Monmouth, hertog van 90, 108, 110, 112, 121, 122
Montesquieu 145
More, Thomas 38-42
Morris, William 173, 174
Mortimer, Roger 37
Mountfort, Walter 72
Mountjoy, Lord 39-41
Mozes 181
Mulisch, Harry 212
Mussert 201
Mussolini 209

N
Napoleon 155, 156, 158, 161, 162, 164, 166, 167, 209, 220
Nassau-Zuylestein, William van 132
Nelson, admiraal 174

O
Oates, Titus 107
Old Pretender 111, 145
Oldenbarnevelt, Johan van 66
Oom Paul, *zie* Kruger, Paul
Oranje-Nassau, Willem Friso van 146, 147

P
Paisley, dominee 129
Palmerston, Lord 168
Palts, Frederik van de 66, 67
Parr, Catharine 42
Pavlona, Anna 164
Pelham, Henry 145
Pembroke, Lord 123
Penning, Louwrens 184
Pepys, Samuel 96, 99, 144
Philippa, echtgenoot van Edward III 37
Picasso 205
Pieneman, Jan Willem 162
Pilgrim Fathers 61, 63, 64
Plancius 71
Polak, Henri 173
Potter, Harry 10
Praag, Marga van 211
Profumo, John 211

Q
Quant, Mary 210

R
Radboud, koning 24, 25
Rafaël 76
Renier, G.J. 192-194
Reve, Gerard 65, 206
Reve, Gerard van het, *zie* Reve, Gerard
Richard II 105
Riebeeck, Jan van 165, 181
Robinson, John 62, 63
Roet, Philippa de 38
Romulus en Remus 14
Roos, Willem 189, 190
Rowena 17-19
Rubens, Peter Paul 75-78, 123
Rutte, Mark 221
Ruyter, Michiel de 94, 95, 97, 98, 101, 158

S
Saksen-Coburg, Albert van 169, 171
Saksen-Coburg, Leopold van 163, 169
Sartre, Jean Paul 205-206
Sas, Niek van 159
Scheemakers, Peter 61
Scot, Reynold 44
Seymour, Jane 42, 44
Shakespeare, William 10, 57, 60, 61, 67, 167
Sijs, Nicoline van der 58
Silly Billy, *zie* Willem II
Smith, Adam 144
Solms, Amalia van 74-76, 78, 83, 84, 89, 90, 92
Sophie, koningin 171, 175
Speult, Herman van 72, 73
Spinoza 144
Starkey, David 130, 131
Stuart, Charles 48, 49
Stuart, Mary, echtenote van Willem II 73, 92, 126
Stuart, Mary, echtgenote van Wolfert van Borselen 46
Stuyvesant, Peter 94
Swift, Jonathan 136, 140

T
Temple, Lady 104

Temple, Sir William 104
Thatcher, Margaret 55, 197, 213-217
Thorpe, Jeremy 211
Tinsley, Richard 189
Titiaan 76, 90
Tolkien, J.R.R. 15
Tories, de 109, 136
Tromp, Cornelis 97
Tromp, Maarten 78, 80, 87, 89, 97
Tulp, Nicolaas 94

V
Valentinianus, keizer 16
Van Buren, *zie* Emma, koningin-regentes
Vanbrugh, John 140
Velde, Willem van de 96, 97
Vermuyden, Cornelis 68
Victoria, koningin 130, 169, 170, 171, 174, 175, 177-179, 181, 182, 186, 194
Villiers, Elizabeth 107
Vinci, Leonardo da 76
Vinkenoog, Simon 206
Vondel, Joost van den 28, 94
Vortigern, koning 16, 18-20
Vries, Theun de 19, 20

W
Wakefield, Priscilla 172
Wassenaar Obdam, Jacob van 96
Wellington, hertog van 162
Whigs, de 109, 111, 136
Wielinga, Menno 191
Wilde, Oscar 210
Wilhelm II 171
Wilhelmina, koningin 138, 148, 156, 175, 177-179, 181-184, 194, 197, 199, 201-203, 206
Willem de Bastaard, *zie* Willem de Veroveraar
Willem de Veroveraar 31, 32
Willem Frederik 81
Willem I 154, 161, 164, 167, 168, 173
Willem II 73, 79, 83, 159, 162, 170
Willem III 37, 84, 103, 112, 126, 133, 151, 153, 170, 175, 177
Willem IV 147, 148
Willem V 148, 150, 151, 153, 155, 158
Willem van Oranje 45, 50, 52, 55, 66, 69, 74, 79, 100, 101, 123, 124, 132, 204
Willem VI 161
Willem, zoon van Frederik Hendrik en Amalia 78-81, 83, 90
Willem-Alexander, koning 74, 127, 175, 221
Willemien, echtgenote van Willem V 155
William, prins 130, 170
Willibrordus 23, 24
Wilson, Harold 9, 212, 218
Witt, Cornelis de 98-100
Witt, Johan de 89, 91, 92, 94, 95, 98-100
Wiwill 178

Y
Young Pretender 145

Z
Zee, Henri en Barbara van der 121
Zuylen, Belle van 148

Illustratieverantwoording

Alamy Stock Photo p. 61, 82, 220
Getty Images p. 185, 208, 214
Haags Gemeentearchief . 160
Rijksdienst voor het Cultureel Erfgoed, objectnummer 38.295 p. 47
Rijksmuseum, Amsterdam p. 26, 30, 52, 53, 63, 70, 88, 112, 120, 128, 154, 176, 198, 200
Wikimedia Commons p. 17, 35, 39, 45, 59, 91, 96, 125, 135, 137, 149, 163, 195, 204

Eerste katern
Bridgeman Images afb. 1
Rijksmuseum, Amsterdam afb. 3, 4, 5 en 6
Wikimedia Commons afb. 2

Tweede katern
Alamy Stock Photo afb. 3
Rijksmuseum, Amsterdam afb. 1, 4 en 5
Wikimedia Commons afb. 2

Derde katern
Alamy Stock Photo afb. 2
Rijksmuseum, Amsterdam afb. 5
Stadsarchief Rotterdam, beeldnr. 63_1564a afb. 6
Wikimedia Commons afb. 1, 3, 7